나는 불황에도 여전히
부동산 투자를 한다

650만 원으로 3년만에 50억 만든
부동산 투자 시크릿

나는 불황에도 여전히 부동산 투자를 한다

정규범(경장인) 지음

Ⓜ mindset

부자가 되기 위한
첫 걸음

저는 절대 제가 특별하다고 생각하지 않습니다. 공부도 특별히 잘하지 않았습니다. 고등학교 때는 반에서 10등 안에 겨우 들었고, 서울에 있는 대학교에도 간신히 진학할 정도였습니다. 대학 시절도 크게 다르지 않았습니다. 평균 학점은 B+ 정도. 나쁘지는 않았지만 그렇다고 우수한 성적을 가진 학생도 아니었습니다.

그런 제가 남들과 조금은 달랐던 점이 있기는 했습니다. 어릴 때부터 '돈을 많이 벌고 싶다'라는 생각을 진지하게 했던 것입니다. '어떻게 하면 돈을 벌 수 있을까?' '무엇을 해야 수익을 낼 수 있을까?' 머릿속에는 언제나 이런 질문들이 가득했고, 저는 그에 대한 명쾌한 답을 찾고 싶었습니다.

| 20대에 읽었던 책 중 BEST 6

군대를 전역한 뒤에는 돈을 벌었다는 사람들이 쓴 책들을 마구 잡이로 읽어 내려갔습니다. 그러다 보니, 성공적으로 돈을 벌었다는 사람들에게 두 가지 공통점이 있다는 사실을 알게 되었습니다. 바로 '사업'과 '투자'를 병행했다는 것이었죠!

물론 이 책을 읽고 계신 분들이라면 '당연히 그렇지 않겠어?'라며 짐작했다는 듯 고개를 끄덕이고 있을지도 모르겠습니다. 그럼 다행입니다. 우선 부자가 되기 위한 첫걸음을 떼셨습니다. 무슨 일이든 그 필요성을 정확히 알아야 시작할 수 있으니까요.

그런데 '사업'과 '투자'라니, 이 두 단어가 마치 먼 나라 이야기처럼 들리는 분이 있을 겁니다. 사업을 하기에는 당장 무엇부터 준비해야 하는지 막막하고, 투자를 하기에는 돈이 없으니까요. 저도 그랬습니다. 평범하게 대학교를 졸업하고 월급만으로 생활해야 하는데 '내가 꿈꾸던 삶이 가능할까?' 하고 불안할 때가 많았습니다.

그래도 저는 일단 돈을 벌면서 세상이 어떻게 돌아가는지 알기 위해, 일하는 법을 배우기 위해, 직장생활을 꾸준히 이어갔습니다. 그리고 3년간의 직장생활을 하며 냉정하지만, 현실적인 결론을 내리게 되었습니다. '직장인' 신분으로는 제가 바라던 경제적 자유를 절대 누릴 수 없다는 것을요.

간혹 회사를 다니며 사업을 구상하는 분들도 계시지만, 이제 막 사회초년생 티를 벗은 저에게는 결코 쉬운 일이 아니었습니다. 시간만 속절없이 흘러가는 생활을 하다 저는 과감히 결정을 내리고, 바로 행동으로 옮겼습니다. 직장인이기에 유리하게 받을 수 있는 '대출(담보, 직장인 신용)'을 활용해 작은 '투자'에 도전하기로 결심한 것입니다. 저는 **통장 잔액 650만 원**, 그리고 **마이너스 통장 5,000만 원**으로 부동산 경매를 시작했습니다.

그렇게 시작한 부동산 경매로 무엇이 달라졌냐고요? 제가 투자한 돈은 현재 가치 상승으로 50억 원에 이르는 자산이 되었고, 저에게

| 우리은행 마이너스 통장

그 노하우를 묻고자 찾아오는 사람이 하나둘 늘어나더니, 저는 어느덧 교육 프로그램을 운영하는 사업자가 되어 있었습니다. '투자'와 '사업' 두 분야 모두에서 성공을 거머쥐게 된 것입니다.

만약 투자할 자금이 없다고 아무것도 하지 않고 회사만 다니고 있었다면, 지금 저는 무엇을 하고 있었을까요? 출근하는 지하철 속에서 누군가의 성공 스토리를 멍하니 바라보며 '먼 나라 이야기일 뿐이야' 하고 넋두리만 늘어놓고 있었을 겁니다.

다시 한번 말씀드리지만, 저는 통장 잔액 650만 원과 마이너스 통장 5,000만 원으로 투자를 시작했습니다. 게다가 자금이 없다며 많은 사람이 기피하는 '부동산'을 목표로 삼았고, 그중에서도 대부분이 꺼리는 '다세대주택(빌라) 매수'를 밀어붙였습니다. 더욱이 일반매수 방식이 아닌, '경매'라는 투자 방법을 택했습니다.

제가 부동산 경매로 처음 낙찰을 받은 곳은 서울시 화곡동에 있는 빌라입니다. 사실 '빌라'라고 하면 '무조건 투자 가치가 하락할 텐데'라는 선입견을 품은 사람들이 의외로 많습니다. 또 '경매'라고 하면 왠지 모르게 '법적 분쟁에 휘말리는 건 아닌가'라는 우려 섞인 시선으로 보는 사람들도 많습니다. 하지만 실제로 행동으로 옮기고 경험을 쌓다 보니, 저는 그런 섣부른 추측이 잘못된 선입견과 편견이라는 것을 깨달았습니다.

오히려 제가 경매로 1.2억 원에 매수했던 빌라는 현재 시세 2억 원이 넘었고, 경매로 부동산을 공부하고 투자하다 보니 좋은 물건

| 처음 낙찰받은 경매 물건

을 선별하는 안목도 자연스레 갖게 되었습니다. 지금 제 명의로 된 이 빌라를 보고 있노라면, 마치 자식이 커가는 것 같아 괜스레 마음이 애틋하고 뿌듯해집니다.

여기까지 제 이야기를 듣고 다음 두 생각 사이에서 갈팡질팡하실 수 있습니다.

'나도 부동산 경매를 한번 시도해봐야겠는데!'

'운이 좋았나 보지. 지금 내 상황에서 어떻게 할 수 있겠어!'

그런데 여러분, 이것 하나만 반드시 기억하시면 좋겠습니다. 누군가의 성공담을 남의 이야기로만 듣는다면, 성공은 영원히 나와 상관없는 일로 남게 됩니다. 일단 배우고 시도하기로 결심했다면,

어떻게 해서든 그 이야기를 지금의 내 상황에 맞추어 내 이야기로 만들기 위해 노력해야 합니다.

책을 읽거나 유튜브에서 투자 영상을 볼 때 멍하니 보고만 있지 마세요. 자신에게 질문을 던지고 해답을 찾기 위해 치열하게 고민하세요. 생각으로 끝나는 게 아니라 실제 글로 써서 기록해두면 더 좋습니다. '내가 저 사람이었어도 저렇게 했을까?' '지금 나는 이런 상황이니 다르게 해보면 어떨까?' '저 사람이 말한 상황을 여기에 적용해볼 수 있을까?'

꼬리에 꼬리를 무는 질문을 떠올리고 답해볼수록 비판적 사고를 하게 되고, 하나의 문제를 다양한 각도에서 분석하는 습관을 갖게 될 겁니다. 그렇게 하면 새롭게 접한 내용들을 내 상황에 맞춰 빠르게 체화할 수 있습니다.

이 책은 지금 당장 충분한 자금이 없다고 투자를 미루는 여러분을 위해, 특히 돈이 없는데 부동산 투자를 할 수 있겠냐고 반문하는 여러분을 위해 쓴 책입니다.

'소액 투자'와 '부동산'. 연신 뉴스를 장식하는 '억' 소리 나는 아파트 매매가와 전셋값을 들으면 이 두 표현이 전혀 어울릴 것 같지 않지만, 사실 돈이 없을수록 우리는 부동산 투자에 주목해야 합니다. '소액'으로 투자하려면, 주식이나 코인이 아니라 '부동산'이 맞습니다. 내 자산을 지키면서도 돈을 불려갈 수 있는 유일한 길입니다.

허황된 이야기가 아닙니다. 제가 그 길을 걸어왔고, 여러 시행착오를 겪으며 성공적인 투자를 해왔기에 알고 있습니다. 소액으로 어떻게 부동산 투자를 시작할 수 있었는지, 어떻게 3년 뒤, 5년 뒤에도 수익을 올리는 안정적인 기반을 닦을 수 있었는지 지금부터 말씀드릴 것입니다.

이 책에서 전하는 지식을 통해 투자의 기초를 다지시고, 여러분만의 투자 로드맵을 그리시길 바랍니다. 그리고 생각으로 끝내지 말고, 계획한 대로 행동하세요. 한 걸음만 나아가면 그동안 얼마나 많은 기회를 눈앞에서 놓치고 있었는지 새삼 깨닫게 되실 겁니다. 이 책이 여러분의 그 한 걸음을 뗄 수 있도록 응원할 것입니다.

자, 그럼 이제 정말 시작해볼까요?

2022년 10월
정규범

차례

Part2. 부자가 되는 나만의 로드맵을 그린다

Part3. 초보일수록 경매를 시작하라

Part4. 지금이 기회다.
무조건 오를 아파트와 오피스텔을 찾는 법

Part5. 잃지 않는 투자를 위한 부동산 기본기

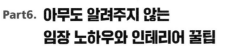

Part6. 아무도 알려주지 않는
임장 노하우와 인테리어 꿀팁

PART 1

나는 내 인생에
동기부여를
주기 시작했다

월 300만 원 월급쟁이가
50억 원을 번 전업 투자자가
될 수 있었던 비결

이 책을 읽는 여러분에게 물어보고 싶습니다. 평생 '월급'만 받으며 생활하는 데 만족하시나요? 아마 고개를 끄덕이는 분들이라면 애당초 이 책을 펼쳐보지 않으셨으리라 생각합니다. 어떻게 하면 전업 투자자처럼 성공적으로 부를 불리고, 축적한 부를 지켜나갈 수 있는지 그 방법을 알고 싶기에 이 글을 읽고 계실 겁니다.

사실 우리는 모두 전업 투자자가 될 가능성을 갖고 있습니다. 다만 아직 두 가지가 제대로 갖춰져 있지 않을 뿐입니다. 바로 '월급의 족쇄에서 벗어나 전업 투자자가 되겠다!'라는 강한 의지와 결심한 대로 행동을 옮기는 실행력입니다. 이 두 가지만 있다면, 지금까지와는 전혀 다른 삶을 살 기회가 반드시 찾아옵니다. 인생을 바꾸는 건 지식이나 기술이 아닙니다.

"생각이 바뀌면 행동이 바뀌고, 행동이 바뀌면 인생이 바뀐다."
유튜브 채널 '부동산 읽어주는 남자'를 운영하는 정태익 대표님이 건넨 조언입니다. 어떤 자세로 인생을 대해야 하는지를 정확하게 짚어준 말입니다. 저 또한 실제 생각을 바꾸니 행동이 바뀌었고, 그 행동으로 인해 지금의 '경장인'으로 삶을 살게 되었습니다. 부동산 경매를 생각하고 행동에 옮기니, 정말 미래가 바뀐 것입니다.

여러분이 월 300만 원을 버는 직장인이고, 지금까지 월급 외에는 소득을 창출하는 방법을 생각해보지 않으셨다면, 지금부터 고민해보시기 바랍니다. 내가 가진 자본을 소비하는 데에만 쓸 것인지, 아니면 자산을 불리기 위한 투자금으로 삼을 것인지 선택을 내려야 할 때입니다.

저의 시작은 2018년 1월로 거슬러 올라갑니다. 신입사원으로 회사에 다닐 때였고, 저는 수중에 있는 '650만 원'을 들고 '부동산 경매'에 도전했습니다. 대출이 잘 나오던 당시에도 650만 원은 부동산 투자를 하기에 턱없이 부족한 금액이었습니다. 그래서 저는 직장인이라는 신분을 이용해 '마이너스 통장 5,000만 원'을 추가로 뚫어 투자금으로 활용했습니다.

이렇게 확보한 금액을 저는 온전히 부동산 투자에 쏟아부었습니다. 심지어 남들이 관심을 두지 않는 부동산 상품에 집중했고, 소수의 사람만이 주목하는 투자법인 '경매'를 택했습니다. 그리고 자산을 조금씩 늘려나갔고 지금도 여전히 성공적으로 부를 키워가고 있습니다.

만일 그때 투자금이 더 필요하다고 판단해 돈을 모으고만 있었다면 어땠을까요? 분명한 건 투자금을 모으는 동안에도 아파트 시세가 2배 이상 올랐을 테니, 후회해도 아무 소용이 없었겠죠.

'언젠가는 나도 해야지'라고 생각하면, 평생 시도조차 하지 못하고 끝날 수 있습니다. 지금 결심하고, 그 결심에 따른 첫 목표 행동으로 '이 책을 끝까지 읽는 것'으로 설정하세요. 마지막 장을 읽을 때쯤에는 이 책으로 알게 된 투자 지식과 방법을 활용해 다음 단계의 목표 행동을 정하면 됩니다.

돈이 없을수록
부동산 투자를 해야 한다

여전히 저는 이런 질문을 많이 받습니다. "왜 그 정도 자본으로 주식이 아니라 부동산 투자를 선택했나요? 특히 주거용 부동산에 집중한 이유가 있나요?"

제가 과감히 부동산을 선택한 이유는 세 가지로 정리할 수 있습니다. 가장 중요한 첫 번째 이유는, 주거용 부동산은 투자 상품 중 유일하게 '필수재'이기 때문입니다. 부동산은 생활을 윤택하게 만드는 소비재나 사치품이 아니라 대한민국에 살고 있다면 누구나 그 필요성을 외면할 수 없는, 말 그대로 '움직이지 않는 자산'인 것입니다.

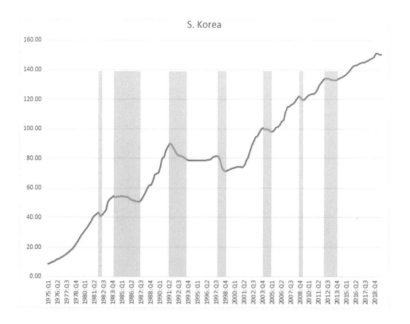

| 전국 아파트 매매가격지수   출처: https://blog.daum.net/scj3006/3493

　　위 그래프를 보면 등락이 있기는 하지만 아파트 매매가가 장기적으로는 우상향하는 것을 확인할 수 있습니다. 물론 매매가가 항상 상승하는 것은 아니지만 하락기에 버틸 힘(자본)이 있다면, 주거용 부동산은 인플레이션의 영향으로 언젠가는 올라갈 수밖에 없습니다. 화폐의 가치가 내려가고 물가가 오를수록, 부동산 가격도 상승할 테니까요.

　　'부동산'은 주식과 달리 필수재라는 점, 경제 위기나 불황이 오더라도 누구나 살 집은 있어야 한다는 점. 이 포인트를 정확하게 인지하고 접근하는 것이 중요합니다.

반면에 주식은 어떨까요? 두 번째 이유는 이 질문의 답을 생각
해보면 금세 알 수 있습니다. 저는 처음 투자를 시작할 때 부동산과

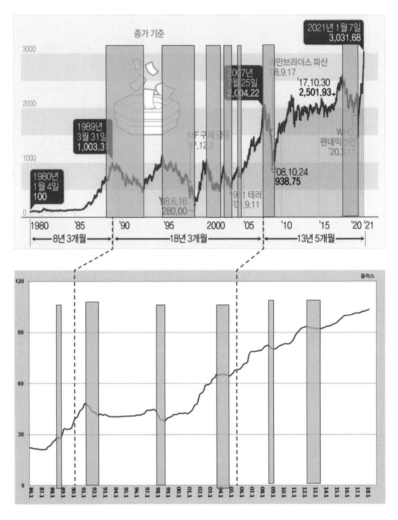

| 코스피 지수(위)와 부동산 가격변동 추이(아래)

출처: https://blog.naver.com/hkc0929/222200490664

주식의 하락기가 각각 얼마나 빈번하게 발생하는가를 유심히 살펴본 적이 있습니다. 다음 그래프에서 초록색으로 표시된 구간이 소위 말하는 '대세 하락장'입니다.

이 대세 하락장 속에서도 여러분이 매입한 부동산이나 주식이 오른다면, 정말 운이 좋거나 아니면 출중한 실력을 갖춘 것일 겁니다. 하지만 처음 투자를 시작하는 사람들에게는 해당 사항이 없는 일입니다.

초록색 구간의 넓이와 횟수, 즉 지속되는 기간과 반복되는 빈도수를 비교해보면, 주식 그래프에서 월등히 하락장이 두드러지게 나타나고 요동치는 구간이 더 많다는 사실을 확인할 수 있습니다. 그렇다면 회사를 다니는 우리가 주식 투자를 한다면, 주식 가격이 그토록 요동치는 상황 속에서 온전한 정신으로 버틸 수 있을까요?

신입사원이었을 당시의 월급을 기준으로 계산했을 때, 저의 하루 일당은 15만 원 정도였습니다. 만약 하루 내내 주식으로 요동치는 가격이 100만 원이 넘는다면 어떨까요? 그런 일들이 자주 일어난다면요? 신경 쓰지 않고 담담하게 업무를 이어갈 수 있을까요?

우리가 산 회사의 주식이 예상과 다르게 상장 폐지가 되거나, 기업이 운영난을 겪게 되면서 하루아침에 휴지 조각이 되어버린다면 어떨까요? '만약'이라는 가정으로 말씀드렸지만, 이러한 사례는 주변에서 어렵지 않게 찾을 수 있습니다. 주식은 '나'라는 개인이 결코 통제할 수 없는 외부 요인에 굉장히 취약하다는 단점이 있습니다.

저는 저 스스로가 하루하루 주식의 등락에 일희일비하며 힘들어할 것을 알고 있었기에, 투자 방법으로 주식은 염두에 두지 않았습니다. 그 대신 '번거롭더라도 장기적으로, 안정적으로 투자할 수 있는 곳을 찾자!'라고 생각했고, 부동산에 관심을 두게 되었습니다.

마지막으로 저는 부동산에 투자해야 하는 세 번째 이유로 '레버리지'가 가능하다는 것을 꼽고 싶습니다. 레버리지(leverage)는 '지렛대'라는 의미로, 모자란 자금은 빌려서 투자해 수익률을 극대화하는 방법을 말합니다. (뒤이어 자세히 설명할 예정이니 여기서는 간단하게 말씀드리겠습니다.)

예를 들어, 여러분이 보유한 자본이 3,000만 원이지만 레버리지(대출, 차용, 전세금)를 활용해서 3,000만 원으로 3억 원 규모의 부동산을 매매할 수 있다면 어떨까요? 시세가 10% 올랐다고 가정해본다면, 3억 원을 투자했을 때 3,000만 원의 수익을 얻게 됩니다. 3,000만 원만 투자했다면 300만 원의 수익을 냈을 테니, 수익에서 10배의 차이가 난다는 얘기입니다.

이것이 바로 지렛대 효과, 즉 '레버리지 효과'입니다. 자본주의 사회에서 살아가기 위해 반드시 알아두어야 할 개념입니다. 참고로 말씀드리자면, 레버리지는 자본을 빌리는 것 외에, 다른 사람의 시간과 노동력을 투입하는 경우도 포함하는 포괄적 개념입니다.

남들이 가지 않는 곳에서
기회를 찾아라

남들이 하는 대로 따라 살면, 결국 남들이 사는 정도로만 살게 됩니다. 다른 삶을 꿈꾼다면 다른 길을 걸어야 합니다. 너무도 간단한 이치이지만, 우리는 종종 이 사실을 잊고 있습니다. 그렇기에 '부자'가 되겠다고 마음을 단단히 먹었다면, 평범한 월급쟁이들이 가지 않는 길을 찾아야 합니다. 그에 따른 주변의 만류와 비난도 때로는 겸허히 받아들이고 때로는 즐길 줄 알아야 합니다.

저는 회사를 다닐 때 곤욕을 치른 적이 있습니다. 의도치 않게 제가 부동산 경매를 한다는 소문이 동료들 사이에 일파만파 퍼진 것입니다. 우려 섞인 말들도 있었지만 "조용히 일이나 잘하지"라는 비아냥과 질투 어린 냉소를 받아야 했습니다. 그러한 눈초리에

둘러싸인 것이 절대로 편하진 않았지만, 저는 오히려 힘을 내서 투자를 계속 밀어붙였습니다. '내가 잘하고 있구나. 다른 사람들과 다른 길을 가고 있으니 이런 일을 겪는 건 당연하지' 하고 마음을 다잡으면서 말입니다. (이 글을 읽는 여러분이 만약 낮에는 직장인 저녁에는 투자자로 이중생활을 하고 있다면, 회사에 알리지 않기를 바랍니다. 업무 이외의 다른 일에 집중한다는 것을 회사에서 알면 좋아하지 않을 확률이 높을뿐더러, 동료들 또한 모든 문제에 늘 공감해주는 것은 아닙니다.)

지금의 제가 남들보다는 조금 더 여유 있게 살게 된 근원은 이처럼 남들이 보지 않는 곳에서 기회를 찾았기 때문이라고 생각합니다. 보통 650만 원이 있었다면 어떻게 사용했을까요? 대부분은 코인이나 주식을 사거나 평소 갖고 싶었던 소비재를 구매하는 데 썼을 것입니다.

하지만 저는 다르게 가기로 했습니다. 부자가 되기 위해서 잃지 않는 투자, 즉 성공률이 높은 투자를 반복해야 한다고 생각했고, 그래서 투자자산이자 필수재인 '부동산'에 투자해야겠다고 결심했습니다. 부동산 중에서도 주거용 부동산(아파트, 오피스텔, 다세대주택 등)은 잘못 투자하더라도 그 금액에 맞는 세입자를 갖추면 투자금이 어느 정도 회수되거나, 월세라도 받을 수 있기에 안정성이 높다고 판단했습니다. (여러분은 모두 투자로 부자가 되기 위해 이 책을 읽고 계실 겁니다. 그렇다면, 미디어와 대중의 목소리에 휘둘리지 않는 '힘'을 기르셨으면 좋겠습니다. '부자'는 '대중'과 다르게 살아왔기에 남들보다 부를 이룬 것입니다. "부동산 하락기이니 지금 투자하는 것은 거지가 되는 지름

길이다" "지금은 상승장이라 뭘 사도 오르니 빨리 사라!" 이처럼 대중의 목소리에 쉽게 휩쓸려서는 안 됩니다. 오히려 제 주변에 부자들은 하락기가 진행 중일 때 가장 전투적으로 투자했고, 상승장일 때 오히려 여유롭게 시간을 보내며 바닥부터 가장 끝까지 오른 차익을 모두 얻었습니다. 이 글에서 설명드린 예시를 한번 곱씹어 보시면서 왜 미디어나 댓글 등에서 떠드는 근거 없는 소문에 휘둘리면 안 되는지 이유를 알게 되셨으면 좋겠습니다.)

물론 문제가 하나 있었습니다. 부동산 투자를 하기 위해 대출 80%를 받는다고 한들, 세금으로 낼 금액을 포함해 23~25% 정도는 자기자본이 있어야 합니다. 650만 원으로는 턱없이 부족해 보였습니다. 그때 제 눈에 들어온 것이 바로 '부동산 경매'였습니다.

손품과 발품을 팔아야 하고 초기에 꼼꼼하게 점검해야 할 사항들이 있었지만, 시세보다 저렴하게 부동산을 살 수 있고, 소액으로 투자할 수 있는 부동산 경매를 시도하지 않을 이유가 없었습니다. 임차인을 찾고 나면 돈이 모두 회수되거나, 오히려 투자금보다 더 큰 돈이 생기는 '플피투자'도 가능하니까요.

결국 저는 부동산 경매로 서울에서 '1억 원 초반대'의 빌라를 낙찰받으면서 '1주택자'가 되었습니다. 잔금은 마이너스 통장과 담보대출 80%로 납부했습니다. 이 빌라는 향후 제가 부동산 투자를 하는 데 있어서 든든한 밑거름이 되어주었습니다. (실제로 2년 뒤에 투자금이 모두 회수되고도 4,000만 원의 투자금이 '플피'되었습니다.) 다음 매물에 투자할 수 있는 초기 자금을 마련해주었을 뿐 아니라 그 후로 진행했던 수많은 경매에 자신감을 심어주었습니다.

재미있는 사실은 이 물건을 낙찰받았을 때도 정말 많은 사람에게 부정적인 말을 잇달아 들었었습니다. 그런 물건을 왜 낙찰받느냐, 대출도 잘 나오는데 하려면 아파트를 해야지 왜 빌라를 선택하느냐, 요즘 누가 경매를 하느냐, 전세금은 돈을 번 게 아니다 등등, 이런저런 이야기를 들었습니다. 그때마다 저는 부동산 투자로 성공한 사람들의 이야기가 담긴 책을 보며 초심을 잡았습니다. 부자가 되고 싶다면 부자의 말을 따라야지, 투자 경험이 적은 이들의 만류와 걱정에 휘둘릴 필요가 없으니까요.

다시 한번 강조하겠습니다. 평범하게 살고 싶으면 평범한 사람들과 함께하고, 그들의 말과 행동을 따라 하면 됩니다. 하지만 부자가 되고 싶다면, 부자의 말을 따라야 합니다. 주변에 부를 이룬 사람이 없다면 책을 사서 읽고, 더 나아가 저자를 만나보고 싶다면 출판특강이나, 강연에 참여해보실 것을 강력히 권합니다. 남들이 가지 않는 길을 찾아야 부자가 될 수 있습니다.

단기간에
큰돈을 버는 일은 없다

여러분이 투자를 장기적으로 하지 못하는 가장 큰 이유는 무엇일까요? 투자금이 충분하지 않거나 투자법에 대한 지식이 부족하기 때문일까요? 아닙니다. 바로 내 안의 있는 '조급함' 때문입니다.

조급함은 '무조건 빠르게 돈을 벌어야 한다'라는 마음속 강박에 불을 지핍니다. 그런데 안타깝게도 단기간에 쉽게 부자가 될 수 있을 것처럼 유혹하는 투자일수록, 여러분의 인생을 고꾸라지게 만들 확률이 높습니다. 코인과 주식을 떠올리면 금방 이해되실 겁니다.

우리가 정말 실력이 뛰어나서 수많은 개미와 기업주를 물리치고 돈을 벌 수 있는 사람이 아니라면, 확률이 높은 '부동산'에 배팅하는 게 맞습니다. 인생을 걸고 투자하지 마세요. 처음부터 전업 투자자가 된 사람은 없습니다.

처음에는 여윳돈을 가지고 투자한 것이 2년이 지난 후 부동산 매도나 전세가 상승으로 목돈을 가져다주면, 그 자금을 다른 데 지출하지 말고 재투자하고, 투자금도 따로 모으세요. 이걸 반복하다 보면 어느새 꽤 많은 투자를 하면서도 자본을 확보한 자신을 발견할 겁니다.

다시 말해, 처음 투자할 때는 투자금을 모아서 하겠지만, 세 번째, 네 번째 부동산은 첫 번째 투자처에서 생긴 수익, 즉 '전세가 상승으로 얻은 돈'을 활용하는 것을 원칙으로 삼아야 합니다.

'당장에 얼마를 벌 거야!' '최대한 수익률을 뽑을 수 있게 만들어야지!' 하고 높은 수익만을 좇아 전전긍긍하기보다는, 우선 규모가 크지 않더라도 잃지 않는 투자를 여러 번 하는 게 좋습니다. 비록 처음엔 수익이 커 보이지 않더라도, 시간이 지나고 투자가 반복되면 어느덧 복리가 되어 예상치 못한 큰 보상으로 돌아올 것이니까요.

자산을 늘려놓아야 부자가 될 확률이 높아집니다. 위험하다고 아무것도 가진 게 없으면 하락기에 떨어질 것도 없지만, 상승장에 부자가 될 수도 없습니다. 꼭 기억하세요.

남돈내산,
레버리지를 활용하라

레버리지란 자산투자로 수익 증대를 내기 위해 차입자본(부채)을 끌어다가 자산매입에 나서는 투자전략을 총칭하는 말입니다. 쉽게 말해, 10억 원 규모의 부동산을 살 때 자기자본 10억 원으로 매입할 수 있지만, 대출 또는 세입자의 전세보증금을 이용할 수도 있습니다. '돈'을 더 넣어 수익률을 더 높일 수 있다는 것인데, 여기서 돈은 자기자본이 아닌 '남의 돈'입니다.

부자가 되려면 이 '남의 돈'을 잘 활용할 줄 알아야 합니다. 이렇게 얘기하면 일각에서는 '그건 나쁜 짓 아닙니까!'라고 비난하기도 합니다. 하지만 제가 여기서 말씀드리는 '남의 돈'은 본인이 감당 가능한 돈을 활용하라는 것입니다. (이 '감당 가능한 돈'에 대해서는 뒤편에서 자세히 말씀드리겠습니다.)

은행을 생각해보시면 됩니다. 은행이 대출해주는 돈은 어디에서 왔을까요? 은행 주주들? 대표들? 그것도 포함이 되겠지만 대부분은 국민들이 예금한 돈으로 기업대출, 가계대출, 담보대출, 신용대출을 해주는 것입니다. 그리고 예대마진(예금이자와 대출이자의 차이)으로 수익을 보고, 몸집을 키워온 것이 바로 '은행'이죠. 은행이 하는 대출은 나쁘지 않게 보면서, 왜 투자자들이 대출과 전세 레버리지를 활용해서 재투자하는 것은 비난받는지 모르겠습니다. (물론, 의도적으로 전세보증금을 활용해 깡통전세로 만든 뒤 경매로 넘겨버리는 소수의 업자는 마땅히 처벌받아야 하며, 이건 논외로 하겠습니다.)

한 달이 멀다 하고 집값이 몇천만 원씩, 몇억 원씩 뛰는 이 상황에서 남의 돈을 활용하지 않고, 또 투자하지 않고 부자가 될 수 있을까요? 사업으로 큰돈을 벌지 않는 한 월급쟁이로는 절대 불가능합니다. 남의 돈(대출, 전세 레버리지)을 활용해서 내가 가진 자본금 이상의 자산을 취득해야 합니다. 특히 시간이 지남에 따라 가치가 올라가는 자산을 찾아야 하는데 그중 가장 대표적인 것이 바로 부동산입니다. 급격한 인플레이션(화폐가치 하락)이 와도 여러분이 대출받고 전세보증금을 활용하여 매입한 부동산이 여러분을 지켜줄 것입니다.

물론 레버리지를 활용해 투자를 하는 동안에도, 투자금은 따로 계속 모아야 합니다. 부동산 한 채를 보유한다고 해서 당장에 부자가 되는 것은 아니니까요. 투자금으로 모은 돈을 계속 자산으로 옮겨가는 것이 바로 부자가 되는 첫걸음입니다. 장기적으로는 부동산에서 들어오는 돈으로만 생활이 가능할 때, 여러분은 부의 추월차선에 진정으로 올라탈 준비가 된 것입니다.

우리가 투자를
못하는 이유

결론부터 얘기하자면, 우리가 투자를 못하는 이유는 '완벽한 타이밍'만 노리기 때문입니다. 집값도 오르고 대출 규제도 없다면 금상첨화겠지만, 그러한 상황이 펼쳐질 일은 결코 없습니다. 부동산 가격이 빠르게 오르니 대출 규제를 통해 상승 속도를 늦추고, 부동산 가격이 떨어지니 경기 침체를 막기위해 대출을 풀어주고 시장을 활성화시키는 것, 이것이 정부의 역할입니다.

부동산 가격 하락이 경기 침체와 무슨 상관이냐고 반문하실 수도 있지만, 부동산 업종과 관련된 수많은 사람들의 실적 하락, 부동산 가격 하락으로 인한 소비심리 위축, 세금징수 감소 등의 악영향을 막기위해서라도 정부는 부동산 시장을 활성화시키는 것입니다.

이것이 정부의 역할입니다.

투자하기 충분한 금액이 모일 때까지 기다리면 앞으로도 투자를 미룰 수밖에 없습니다. 집값은 장기적으로 상승할 수밖에 없으니 말입니다. 완벽한 타이밍을 기대하기보다 지금 당장 움직여야 합니다.

투자금 3,000만 원밖에 없다면 서울의 아파트를 살 수 없고, 투자금 1억 원으로는 강남에 건물을 지을 수 없습니다. 눈높이를 현실에 맞추고, 내가 가진 자금으로 어떤 것들을 할 수 있는지 객관적으로 정리해보시길 바랍니다. 그 후에 빠르게 올라가는 현상을 좇기보다는, 가장 안정적으로 가치가 올라갈 수 있는 게 무엇인지 선택하고 투자하면 됩니다.

제가 처음 투자를 시작한 2018년, 통장에는 650만 원이 전부였고, 저는 직장인 신분을 활용해 추가로 마이너스 통장 5,000만 원을 얻을 수 있었습니다. 그리고 리스크가 큰 주식과 코인보다는 안정적으로 우상향하는 부동산을 택했습니다. 그중에서도 사는 순간 이득을 보는 '부동산 경매'에 주목했습니다.

부동산 경매를 하면서 저는 다세대주택인 '빌라'를 공략해 자산을 늘려갔습니다. 경매의 장점은 앞서 말했듯이 시세보다 싸게 매입할 수 있다는 데 있습니다. 또한 빌라는 매매가와 전세가의 차이가 크지 않기 때문에, 경매로 저렴하게 사서 전세만 주어도 투자금이 거의 회수되거나 오히려 투자금이 더 생기는 경우가 많습니다.

우리가 착각하면 안 되는 것은 가장 안정적인 투자라고 누구나 다 알고 있고, 누구나 다 하는 것은 아닙니다. 부동산 경매는 예전보다 보편화되었지만, 여전히 선입견(경매는 위험해! 부동산 경매는 고수들만 하는 거야! 지금은 하락기니까 기다려야지! 등등) 때문에 시도조차 하지 않는 사람들이 훨씬 많습니다. 하지만 저는 오히려 그렇기에 기회가 있다고 믿습니다. 지금 부동산 투자를 시작하고 경매에 도전한다면, 돈을 벌 기회를 분명히 낚아챌 수 있습니다.

우리가 투자를 못하는 이유는 투자금이 없어서가 아니라, 항상 가진 것보다 눈이 높기 때문입니다. 그래서 타이밍을 보는 것이고, 늘 아까운 시간을 속절없이 보내버립니다. 지금 나의 상황을 직시하세요. 내가 얼마를 가지고 있으며, 얼마만큼의 대출을 할 수 있고 또 어떻게 감당할 수 있는지, 내 돈으로 어떤 투자가 가능한지 찾아보면 좋겠습니다. 그 뒤에 부를 이룬 사람들을 만나 조언을 구해도 늦지 않습니다.

과거에 못한 투자를
후회하면 안되는 이유

"아 분당에 있는 A 아파트가 3년 만에 이렇게 오를 줄 알았다면, 미리 샀을 텐데…."

이 책을 읽고 있는 여러분이 만일 한 번이라도 이 같은 말을 한 적이 있다면, 이제는 다르게 생각해야 합니다. 그런 말을 계속하는 한 앞으로 어떤 투자도 성공하지 못할 확률이 높습니다.

그 누구도 미래의 가격을 알 수 없습니다. 위의 후회가 담긴 말에는 3년 뒤 가격을 예상한다는 잘못된 전제가 깔려 있습니다. 우리가 신이 아닌데도 미래를 알고 있었다는 것처럼 쉽게 얘기하는 거죠. 당연히 3년 뒤에 가격이 지금처럼 상승할 줄 알았다면 너도 나도 부동산 투자를 했겠지요.

한번 다르게 생각해보면 어떨까요? 3년 전에 과감히 투자했던 사람들은 주변의 우려 섞인 시선과 알 수 없는 미래에 과감히 투자하여, 남들보다 나은 지금의 성과를 누리게 된 사람들입니다. 부자는 항상 보통 사람들이 가지 않는 길을 가기에, 눈초리를 받고 때론 비난을 받습니다.

투자를 진작에 결심한 사람이었다면 3년 전에 내가 가진 목돈으로 충분히 시도할 수 있었습니다.

지금부터는 과거에 대한 후회가 아니라 이렇게 질문하는 습관을 들이면 좋겠습니다. '내가 지금 상황에서 어떤 투자를 할 수 있을까?' 제 주변에 부를 이룬 모든 사람들은 과거를 후회하지 않습니다. 후회 대신 지금 할 수 있는, 이른 시일 내로 도전해볼 만한 투자처와 사업을 찾고 고민하시길 바랍니다.

내가 모르는 투자를 하면
안되는 이유

앞서 지금 가진 돈과 대출을 이용해 투자해야 한다고 말씀드렸지만, 한 가지 조심하셔야 할 점이 있습니다. 바로 남이 권하는, 내가 모르는 투자는 절대 하면 안됩니다. 그게 설사 최고의 투자처일지라도요. 한 번 남의 투자 제안으로 성공적인 투자를 경험하게 되면, 그 뒤에도 쉽게 남의 얘기에 휩쓸려 투자하게 되고, 나중에는 나쁜 의도를 가지고 접근하는 사기꾼의 달콤한 말에 현혹되어 전 재산을 날릴 수도 있습니다.

그렇게 순진하지도 않고 바보가 아니라고요? 처음부터 사기꾼에게 전 재산을 맡기는 사람은 없습니다. 작은 돈을 맡겼는데 좋은 성과가 나오니, 더 과감히 큰돈을 맡기게 된 것이죠.

제 주변에는 주식, 채권, 펀드 투자 등을 다양하게 운용하면서 큰 부를 이룬 분들이 있습니다. 제가 그분들을 찾아가 조언을 구하며 좋은 투자처를 묻는 일은 어렵지 않을 것입니다. 하지만 저는 위에 말씀드린 이유로, 가급적 조언을 구하지도 않으려 하고 받더라도 절대적으로 따르지는 않으려 합니다.

내가 잘 모르는데 남의 말 대로 한 투자는 돈을 번다 한들 내 돈이 아닙니다. 그렇게 번 돈은 쉽게 잃기 마련입니다. '가장 많이 오를' 투자처를 찾기에 앞서 '내가 잘 아는' 투자처를 찾아야 합니다. 스스로 배우고 판단해서 하는 투자가 진짜 투자이고, 평생 가는 투자입니다.

여러분도 누군가 족집게처럼 집어주는 투자에 기대지 말고, 실력을 키우고 자신만의 기준으로 투자자산을 보는 안목을 늘려야 합니다. 그렇게 투자해서 돈을 번다면 몇 배는 더 기쁠 것이며, 돈을 잃는다 해도 내가 결정한 투자이니 억울할 게 없고, 잘 알고 있으니 대책도 세울 수 있습니다.

남의 말대로 한 투자는 항상 불안합니다. 예상과 달리 돈을 잃게 된다면 선의로라도 투자처를 알려준 사람과 갈라서게 될 확률이 높고요. 비난할 대상이 있다고 내 마음이 편한 것도 아니니 말입니다.

그러니 오늘부터 '내가 잘 아는' 투자처를 늘려나가세요. 저는 소액으로 할 수 있는 투자를 알기 위해 부동산 경매를 시작하고, 지방 아파트와 다세대주택, 그리고 오피스텔 투자를 공부하며 내가 잘 아는 분야를 확장해나가고 있습니다.

여러분은 '가장 많이 오를' 투자와 '내가 잘 아는 투자' 중 어디에 인생을 걸고 싶습니까?

청약을
추천하지 않는 이유

개인적으로 저는 청약은 부동산으로 사람을 희망 고문하는 제도라 생각합니다. 지난 3년간 부동산 투자로 부자가 되고, 삶의 여유를 얻은 사람들이 많았습니다. 그런데 청약은 3년이 아니라 5년, 10년, 어쩌면 그 이상의 시간을 무주택자로 살아가도록 강요합니다. 청약을 기다리는 그 시간 동안 금전적 손실은 없어 보이지만, 실제로는 엄청난 기회비용을 내고 있습니다. 투자로 부를 이룰 수 있는 시간과 기회를 놓치고 있으니 말입니다.

그렇게 무주택을 오랜 기간 유지해서 원하는 아파트에 청약이 당첨되면 다행이지만, 이 또한 100% 보장되는 것이 아닙니다. 만일 10년간 무주택을 유지했는데, 청약에 실패한다면 어떻게 될까요? 지난 10년의 세월은 누가 보상해줄까요? 아무도 책임져주지 않습니다.

물론 청약이 신축 아파트를 시세보다 저렴하게, 저금리로 받을 수 있다는 건 그 무엇과도 비교할 수 없을 만큼 큰 장점입니다. 하지만 100% 보장되지 않는다는 점, 언제 이뤄질지 기약할 수 없다는 점이 큰 단점입니다. 청약을 노리고 시도하는 노력과 시간을 '투자'에 쏟으면, 청약이 여러 번 됐을 정도의 자산을 쌓는 것이 어려운 일은 아닙니다.

청약에 당첨되는 것보다 애당초 청약을 포기하고 투자로 부를 쌓는 게 몇 배는 쉽고, 부자가 되는 훨씬 빠른 길이라 자신합니다. 여러분이 부자가 되고 싶다면 청약을 기다리지 마시고, 투자를 하기 위해 움직여야 합니다.

인구가 줄어
집값이 폭락한다?

"인구가 줄어 집값이 폭락할 것이다."

이 말을 흔히 들어보셨을 텐데, 사실 여기에는 두 가지 오류가 있습니다. 우선, 1개의 부동산(집)을 형성하는 단위는 '인구'가 아니라 '세대'입니다. 부모님 세대에는 4~5인 가구가 1세대를 이루었지만, 현재는 상황이 다르게 전개되고 있습니다.

1인 가구수가 지속적으로 증가하고 있으며 2인 가구, 3인 가구 또한 늘어나는 추세입니다. 인구가 줄어드는 현상이 부동산에 아예 영향을 미치지 않을 수는 없지만, 단순히 인구 감소로 부동산 가격은 내려가지 않습니다. 서울의 인구가 줄고 있어도, 서울 집값이 끝없이 하락하는 건 아니니까요.

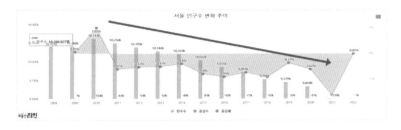

| 서울의 인구수 변화 추이

출처: 부동산지인 https://aptgin.com

| 서울 소재 아파트의 매매가와 전세가 변동 추이

출처: KB부동산

두 번째 오류는 부동산의 가격이 전적으로 인구와 세대에 따라 결정되는 것처럼 간주하는 것입니다. 잘못된 판단입니다. 부동산 가격을 구성하는 것은 수요와 공급, 개발 호재, 매수 심리, 정부 정책, 세대수, 인프라 확충 여부 등 정말 다양합니다. 부동산은 단순히 인구가 줄어든다는 이유만으로 떨어지지 않습니다.

우리는 돈을 벌기 위해 투자합니다. 실력을 키워 인구나 세대수가 감소하더라도 올라갈 만한 호재가 있는 유망한 곳을 찾아내고, 경매를 통해 부동산을 저렴하게 매입하면 됩니다. '~하니까 떨어질 것이다' '~니까 오를 것이다'라는 '카더라'에 더 이상 휩쓸리지 마시고, 자신만의 기준과 투자 방법을 확고하게 정해놓으세요.

누구도 신이 아닌 이상 미래를 맞출 수 없습니다. 본인이 실력을 키워 그 '카더라'가 진짜 가능성이 있는 얘기인지 아닌지를 판단하고, 스스로 투자 로드맵을 설계해 그에 맞춰 나아가면 되는 겁니다.

전세 살면서 투자금이 없으면 월세로 가라

많은 분들이 부동산 상담을 하러 오실 때, 투자는 하고 싶은데 투자금이 부족해서 할 수가 없다고 하소연합니다. 정말 투자금이 없는 경우에는 아끼고 더 벌어 열심히 모아야겠지만, 상담을 진행해보면 예상외로 자금이 없는 게 아니라 묶여 있거나 흩어져 있는 경우가 상당히 많습니다.

투자금은 뭉쳐질수록 강력한 힘을 발휘합니다. 3,000만 원으로 투자할 수 있는 부동산과 1억 원으로 투자할 수 있는 부동산의 가격 차이는 적게는 2억 원, 많게는 3억 원대까지 차이가 납니다. 다음의 두 경우를 살펴봐주시기 바랍니다.

- **3,000만 원으로 투자할 경우**

  80% 대출 시 1.5억 원 전후의 부동산 투자가 가능하다. 노려볼 만한 부동산으로 지방 소재 아파트, 수도권 빌라 및 오피스텔이 있다.

- **1억 원으로 투자할 경우**

  80% 대출 시 4억 원 전후의 부동산 투자가 가능하다. 노려볼 만한 부동산으로 소형 상가, 수도권 소재 아파트, 서울 소재 빌라 및 대형 오피스텔(아파텔)이 있다.

영끌이 아닌 범위 안에서, 여러분의 투자금을 최대한 크게 만든 후에 투자하는 것을 권장합니다. 부동산은 필수재이기 때문에 누구나 투자에 관심이 없더라도 최소한 '남의 집'을 빌려서라도 살려고 하니 말입니다.

그런데 아무리 긁어모아도 투자금을 마련하기가 어렵다면 어떻게 해야 할까요? 두 가지 방법이 있습니다

첫째, 투자금을 모으면서 우선 기본기를 쌓으세요. 투자금 없이 투자할 수 있는 분야도 있지만 초보 투자자에게 권하지 않습니다. 최소 2,000만원을 목표로 최대한 저축을 하면서 투자금을 만들고, 동시에 부동산 관련 책과 강의를 접하면서 투자로 성공한 이들의 노하우와 마인드를 자기 것으로 만들어놓으세요.

직장인으로서 투자금을 모으는 가장 좋은 방법은 내 주변을 '돈

을 모으는 최적의 환경으로 조성하는 것'입니다. 혼자 자취하기보다 부모님이나 친구들과 함께 살며 거주비를 줄이고, 영화나 패션 잡지를 보며 시간을 보내기보다 돈을 아끼고 모으는 노하우를 담은 책을 읽으며 필요한 정보를 얻습니다.

돈을 흥청망청 쓰는 친구를 옆에 두기보다 재테크에 관심이 있는 사람들과 친해지면 좋습니다. 대표적으로 인스타그램에 #무지출챌린지 #짠테크 등의 해시태그를 걸고 올린 계정에 들어가 보면 재테크에 관심이 많은 사람들을 어렵지 않게 찾을 수 있습니다. 이러한 사람들과 교류하면, 혼자 하는 것보다 훨씬 더 오래 더 재밌게 돈을 모을 수 있습니다.

두 번째로, 자신의 소득원천(직장, 사업)을 담보로 대출받는 것입니다. 회사원이라면 대표적으로 '직장인 마이너스 통장'을 들 수 있고, 사업을 하고 있다면 '사업자 통장'을, 또는 보유하고 있는 부동산이 있다면 '사업자 후순위 대출'을 활용할 수 있습니다.

예를 들어, 내가 가지고 있는 아파트의 KB시세가 10억 원이고 세입자가 전세로 4억 원에 살고 있다고 가정했을 때, KB시세에서 전세보증금을 제외한 6억 원에 대해 사업자를 활용해 일정 비율로 추가 대출(후순위 대출)을 받을 수 있습니다. (후순위 대출은 시기별로 항상 변동되기 때문에 대출상담사와 상담해보길 권합니다. 대출상담사와의 연락법은 PART 2의 〈투자에 앞서 '자기 객관화'를 하라〉에서 자세히 설명하겠습니다.)

부동산 투자자 마인드 셋팅 방법

저는 부동산 투자자이자 부동산 지식과 투자법을 가르치는 강사입니다. 부동산의 특성상 적게는 1,000만 원, 많게는 몇억 원의 투자금이 유입되기 때문에, 많은 분들이 투자를 시작하기도 전에 어려워하고 포기하는 것을 종종 보아왔습니다. (저에게는 하루에도 여러 번 가격이 요동치는 주식과 코인이 더 어렵긴 합니다만.) 부동산에 대한 두려움을 극복하고 기초 지식을 쌓기 위한 해결책으로 다음 네 가지 방법을 소개하고자 합니다. 각 방법의 장단점도 정리해놓았습니다.

(1) 책: 가성비 높은 공부법

투자 경험이 없다면 우선 부동산 분야의 책을 구매해서 읽어보세요. 가성비가 가장 좋습니다. 2만 원 이하로 200페이지가 넘는 저자의 조언을 직접 들으려면 적게는 몇십만 원, 많게는 수백만 원을 내야 할 수 있습니다. 저도 투자 강의를 하고 있지만, 반드시 고가의 강의를 들으실 필요는 없습니다. 알고 싶은 분야에서 다섯 권의 책을 선별해 읽어봐도 충분합니다.

문제는 책만 읽어서는 현실감이 잘 느껴지지 않고, 텍스트로만 접하기에 생동감이 강의보단 덜 한 것은 사실입니다. 또한 집필할 때와 출판되어 읽히기까지의 시간 차이가 있다 보니, 현재 시행되는 정부 정책과 세법에 맞지 않는 내용이 생길 때도 있습니다.

(2) 현장 강의: 내면의 열정을 자극하는 시간

책의 단점을 보완할 수 있는 가장 좋은 방법, 바로 현장 강의에 참석하는 것입니다. 현장 강의는 강사가 항상 최신 정보와 사례들로 내용을 업데이트하여 알려주고, 이해하기 쉽게 전달해줍니다. 또한 하나의 목표를 향해 달려가는 동기 수강생과 강사의 에너지를 함께 느낄 수 있어서, 투자에 관해 반신반의했던 이들도 투자를 실행하는 빈도가 굉장히 높은 편입니다. 즉 동기부여가 잘됩니다.

다만, 책과 달리 일반적으로 강의료는 수십만 원에서 수백만 원에 이릅니다. 물론 본인이 강의를 듣고 투자를 실행해서 돈을 벌기 시작한다면, 강의료는 굉장히 효율이 높은 투자가 될 수 있습니다. 강의 수강을 비용으로 생각하기보단 투자의 개념으로 보면 좋습니다.

단점은 아무래도 대중을 상대로 강의가 이루어지다 보니, 한 명한 명이 심도 있는 상담 및 지속적인 피드백을 접할 기회가 적다는 점입니다. 수강생마다 준비한 투자금, 관심 있는 부동산 종류, 사는 지역 등이 모두 다르지만, 시간제한으로 개인에게 맞춤형 피드백을 제공하는 데 어려움이 있습니다.

(3) 개인 코칭: 인생을 바꿀 피드백

코칭 상담은 강의에서 채워주지 못한 맞춤형 부동산 추천과 투자 방향성에 관한 상담을 제공합니다. 실제로 코칭을 받은 분들은 빠르면 한 달, 늦어도 6개월 내 투자 성과를 만들고 있습니다. 단순히 부동산을 매입했다는 게 중요한 것이 아니라, 매입하기까지 과정에서 부동산을 어떻게 바라봐야 하는지, 상황에 맞는 물건을 매수하는 안목을 기를 수 있도록 돕는 데 코칭의 의미가 있습니다.

다만, 1:1 코칭의 가장 크고 유일한 단점은 가격이 비싸다는 점입니다. 그러나 이 또한 본인이 투자 성과를 만들겠다는 확고한 목표가 있고, 어쩌면 인생이 바뀔지도 모르는 피드백을 강사에게서 들을 수 있다면, 결코 나쁜 투자는 아니라고 생각합니다.

(4) 그룹 스터디: 같은 길을 바라보는 사람들

그룹 스터디의 장단점은 굉장히 명확합니다. 장점은 나와 비슷한 상황에 처한 사람들을 만나 공감대를 형성할 수 있고, 즐겁게 공부할 수 있다는 데 있습니다. 단점은 모임에 참여하는 이들의 경험과 알고 있는 정보가 비슷하기 때문에, 유익한 지식을 공유하기보다는 시간이 지남에 따라 목적을 잃고 잡담만 하다가 끝나기 일쑤라는 것입니다.

저도 사회초년생일 때에는 스터디 모임을 종종 찾아다녔었는데, 제대로 된 리더나 강사가 없으면 항상 흐지부지되어 끝나곤 했기에 좋은 결과를 얻지는 못했습니다. 더욱이 부동산 경매로 스터디 모임을 할 때는 더 세심한 주의가 필요했었습니다. 일반적으로 지역 분석이나 아파트 투자에 대해서는 정보 공유가 가능하지만, 가장 높은 가격을 쓴 사람이 물건을 낙찰받는 방식의 부동산 경매에서는, 옆 사람이 바로 자신의 경쟁자가 될 수 있으니 말입니다.

이처럼 부동산은 네 가지 길을 통해 접근할 수 있고 공부할 수 있습니다. 투자를 하기 위해 강의를 반드시 들어야 할 필요는 없습니다. 각각의 방법 중 나에게 맞는 방법을 선택해 나아가면 됩니다. 저 또한 부동산 경매를 처음 시작할 때 책으로 공부하고, 모르는 부분이 있을 때는 유튜브에서 관련 영상 등을 찾아가며 정보를 수집하고 정리했습니다. 정보는 그 정도면 충분합니다.

무엇보다 투자를 하나 못하나의 차이는 투자금도, 상황도 아니라 '투자 마인드'에서 갈립니다. 이 마인드가 없으면 당장 10억 원이 손에 들어와도 투자하지 못하고, 반대로 마인드가 있다면 1,000만 원을 가지고도 도전할 수 있습니다. 물론 '투자를 해봤다' 라는 행동 자체보다 괜찮은 부동산에 투자해서 성과를 내는 것이 중요하지만, 이것은 실력의 영역이고 이는 책을 통해서도 충분히 습득할 수 있습니다. 다음은 제가 운영하는 다양한 강의 프로그램들을 접할 수 있는 QR코드입니다. 관심 가는 분야가 있는지, 어떤 내용들을 다루고 있는지 참고삼아 보시길 바랍니다.

부동산 투자 강의 프로그램

PART 2

부자가 되는
나만의 로드맵을
그린다

투자에 앞서
'자기 객관화'를 하라

이번 PART부터는 실전 투자 방법과 실례를 통해 막연하게 느껴지는 부동산 투자를 어떻게 시작할지 구체적으로 알려드리겠습니다.

부동산은 상품과 투자 방법이 다양합니다. 아파트, 오피스텔, 다세대주택(빌라), 전원주택, 상가 등 그 종류만 해도 10가지가 넘습니다. 투자법 또한 공인중개사를 통한 매입, 경ㆍ공매, 분양권, 증여 등이 있습니다. 각자의 상황에 따라 투자하기에 적합한 상품과 방법이 다르므로, 미리 자신에게 맞는 '투자 로드맵'을 그리는 것이 아주 중요합니다.

우선 저는 여러분이 각자의 모습을 객관적으로 돌아보고 판단할 수 있게 도와주는 '거울' 앞에 서길 권합니다. 여기서 거울은 부동산 투자 전 반드시 답해야 하는 네 가지 질문을 뜻합니다. 제가 앞서 추천했던 부동산 경매를 선택하지 않더라도, 다음 질문들의 답을 정확하게 숙지하고 있어야 어떤 투자를 하더라도 성공할 수 있습니다.

(1) 투자로 가용 가능한 자본이 얼마인가?

여러분은 지금 투자하기 위해 가용 가능한 자신의 자본금이 얼마인지 '정확하게' 알고 계신가요? 많은 분들이 단순히 통장에 있는 예금을 쉽게 떠올리곤 하는데, 제가 여기서 강조하고 싶은 자본금은 깔고 앉은 돈, 즉 묶여 있는 돈을 의미합니다. 거기다 신용대출로 받을 수 있는 돈과 마이너스 통장까지 포괄하는 넓은 범주를 가리킵니다.

예를 들어 보겠습니다. 예금 5,000만 원, 전세보증금(대출 제외) 4,000만 원, 주식 2,000만 원이 있다고 가정한다면, 투자 가용 자본금은 전세보증금과 주식(선택)을 제외한 5,000만 원이 됩니다. 여기에 주식을 팔 수 있다면, 2,000만 원의 추가 자금이 더 생기겠죠. 나아가 마이너스 통장 3,000만 원을 활용할 수 있다면 어떨까요?

막연하게 통장 잔액이 얼마 있지, 라고 생각하기에 앞서 현재 내가 가용할 수 있는 자본이 얼마인지 꼼꼼하게 따져보세요.

(2) 보유 중인 부동산의 현황을 정확하게 알고 있는가?

현재 보유하고 있는 부동산 현황을 분명하게 파악하고 있어야 합니다. 그래야 향후 부동산 투자를 하거나 실거주용 집을 마련하려고 할 때, 대출을 얼마나 받을 수 있는지 정확하게 알 수 있습니다. 내 부동산이 속한 지역의 규제 여부와 용도를 확인하고, 현 시세는 어느 정도 형성되어 있는지 알고 있어야 합니다.

상가는 상업용 시설이기에 주거용 부동산 투자에 전혀 영향을 주지 않습니다. 오피스텔은 상업용 시설이지만 주거용으로 사용할 수 있기 때문에, 예외적으로 주택수에 합산됩니다(단, 청약에서는 합산되지 않습니다). 그 외 아파트와 빌라는 모두 대출에 영향을 주기에 고려하셔야 합니다. 또한 해당 지역이 규제지역인지 비규제지역인지에 따라서 두 번째 주택 매입 시 취득세도 달라지니 사전에 확인이 필요합니다.

규제지역이 어디인지는 '호갱노노(hogangnono.com)'라는 아파트 실거래가 사이트에서 쉽게 볼 수 있습니다. 호갱노노 사이트의 메인 페이지 우측에 있는 '규제' 버튼을 클릭하면, 규제사항과 관련된 상세 정보가 뜨고 지도상에 색깔별로 규제지역이 표시되어 나타납니다.

마지막으로, 내가 보유한 부동산에 들어간 담보대출금액을 알고 있어야 합니다. 기 담보대출이 있다면 새로운 담보대출을 받을 수 있는 액수와 여건이 달라집니다. 다음 질문이 담보대출에 관한

| 호갱노노를 이용해 확인하는 규제지역

것이기에, 뒤이어 자세히 설명하겠습니다.

(3) 현재 대출 가능한 금액이 얼마인가?

부동산 투자는 초기 투자금이 많이 들어가는 만큼 담보대출을 이용하게 되는데, 이때 등장하는 것이 바로 LTV, DSR, DTI, 이 세 용어입니다.

LTV(Loan To Value Ratio, 주택담보인정비율)는 주택을 매입하고자 할 때 주택담보가치에 따른 대출액의 비율을 뜻합니다. 쉽게 말해, 집 가격 대비 얼마를 빌릴 수 있는가를 보는 것입니다. 그런데 이전에는 대출가능금액을 알기 위해 담보 물건의 KB시세나 감정평가금액만 파악하면 됐지만, 최근 부동산 규제 정책의 일환으로 소득 대비 과도한 대출을 받지 못하게 하는 DSR(Debt Service Ratio, 총부채원리금상환비율)이 도입되었습니다.

DSR은 대출받는 사람의 총 채무 사항을 확인하는 것입니다. 여러분이 대출하려고 할 때 현재 어느 정도 부채가 있는지를 확인하고, 현재 소득을 기준으로 원리금의 상환능력을 판단하는 것입니다. DTI(Debt To Income, 총부채상환비율)는 연 소득에서 이자를 상환할 능력을 살펴봅니다. 주택담보대출의 상환액뿐 아니라 기존에 받은 대출의 이자 상환액의 합이 연 소득을 넘지 않게 대출한도를 정하는 것입니다.

- DSR = 주택담보대출 상환액 + 기타대출(원금 + 이자) 상환액 / 연소득
- DTI = 주택담보대출 상환액 + 기타대출(이자) 상환액 / 연소득

 '부동산계산기.com'에서 제공하는 DSR 계산기

위와 같이 기타 대출 상환액에서 원금의 포함 여부가 DSR과 DTI의 가장 큰 차이입니다.

이제 DSR과 DTI 제도가 시행됨에 따라 기존에 대출이 많은 분들은 소득이 크게 증가하지 않는 한, 대출받기가 어려워졌습니다. 그러나 대출 정책은 정권이 바뀌거나 부동산 시장 분위기에 따라 유동적으로 변동되기에, 지금 대출이 안 된다고 하더라도 포기하기

에는 이롭니다. 지속적으로 관심을 갖고 변동 사항을 확인해야 합니다. 또한 정부에서 발표하는 자료에는 주로 1주택자나 무주택자가 받을 수 있는 LTV정도만 언급되기 때문에, 그밖에 다른 대출 여부에 대해서는 스스로 알아보셔야 합니다.

2021년 4월 29일에 발표된 '차주 단위 DSR 단계적 확대 도입 계획'에 따라 같은 해 7월부터 가계대출 총량 규제가 시작되었습니다. 책을 쓰고 있는 2022년 8월에는 '3단계' 적용으로 대출 '총액'이 1억 원을 넘어갈 시 DSR 40%(제2금융권 50%)가 적용됩니다.

경매로 낙찰받은 부동산에 대한 대출도 기본 성격은 '담보대출'이기에 똑같이 DSR 적용을 받습니다.

DSR이 무서운 이유는 DTI와는 달리, '기존' 대출도 함께 계산한다는 겁니다. 쉽게 말해, DSR은 연봉의 최대 40%까지만 은행에 가져다 주어야 하고(이자+원금), 그 이상은 대출을 해주지 않는다는 것입니다.

예를 들어, 김민수 씨가 12억 원의 집을 매수한다고 가정해보겠습니다. 1차적으로는 LTV를 따져 봐야 겠지요. 9억 원까지

가계부채 관리방안
- 2021 ~ 2023년 중기관리계획 -

2021. 4. 29.

금 융 위 원 회
금 융 감 독 원

| 차주 단위 DSR

는 40%, 9억 원 초과분은 20%이니 총 4.2억 원 대출이 가능합니다('9억 원×40%'+'3억 원×20%'). 그런데 DSR 규제가 나타나면서 하나의 장벽이 더 생긴 것입니다. DSR 계산을 위해 아래와 같이 '부동산 계산기.COM'을 이용했습니다.

종류	대출금	대출기간	금리	추가 ⊕
주담대 ▾ 원리금균등 ▴	총액 42000 만원 잔액 42000 만원 만기 0 만원	총 420 개월 잔여 420 개월 거치 0 개월	4 %	삭제 ⊖

DSR 계산 ⊕ 추가 ☑ 기록

#	적요	금액	비고
1	연소득	50,000,000	입력값
2	총대출건수	1	(본건 포함)
3	**대출1**	**420,000,000**	**주택담보대출, 원리금균등분할상환, 금리 4%**
4	대출1 잔액	420,000,000	입력값
5	대출1 기간	420개월	전체 기간(잔여 420개월)
6	연원금상환액1	5,618,103	실제 상환액
7	연이자상환액1	16,697,744	실제 납부이자
8	총 원리금상환액	22,315,847	대출 원금 + 이자 상환액
9	**DSR**	**44.63%**	**총 원리금상환액 / 연소득 * 100**

| DSR 계산

계산을 해보니, 4.2억 원까지는 DSR 40%가 초과되어 대출총액을 3.7억 원까지 낮추니 39%대로 진입이 가능했습니다. 정리하자면, 김민수 씨는 LTV상으로는 제1금융권에서 4.2억 원까지 대출이 가능하지만, DSR 40% 한도에 걸리기 때문에 3.7억 원까지밖에 대출이 안 될 것으로 보입니다. 아래는 DSR을 계산할 때 포함되지 않는 대출 종류이니 참고하시기 바랍니다.

1. 보험계약대출, 예/적금담보대출

2. 긴급 생계자금으로서 여신심사위원회 승인을 받은 주담대

3. (정책자금)정책적 목적에 따라 정부/공공기관/지자체 등과 협약을 체결하여 취급하는 대출, 자연재해 지역에 대한 지원 등 정부 정책에 따라 긴급하게 취급하는 대출

4. 주거 관련)전세대출, 보금자리론 등 정책모기지, 이주비/중도금대출

5. (생계관련)서민금융상품, 300만 원 이하 소액신용대출(유가증권담보대출 포함), 주택연금(역모기지론), 상용차금융, 할부/리스 및 단기카드대출

TIP 대출가능금액을 정확히 알고 싶다면?

혼자서 대출가능금액을 계산하기가 어렵게 느껴진다면, 경직모(경매하는 직장인 모임, cafe.naver.com/newcomerauction)카페에 들어오세요. 대출상담사의 연락처를 올려놓았습니다. 정부에서 대출에 관한 발표를 할 때마다 그 발표를 그대로 받아들이는 게 아니라 대출상담사에게 내 상황

(소유 중인 부동산 개수, 대출액, 소득 등)을 알려주면서 대출가능금액을 문의할 수 있습니다. 정확하게 내 상황에 맞춘 금액을 확인할 수 있습니다.

(4) 매달 얼마를 벌고 얼마를 쓰고 있는가?

내가 매달 버는 소득과 매달 나가는 지출을 정확하게 알고 있으면, 무리한 투자를 막을 수 있습니다. 지금은 금융권에서 대출을 규제하고 있으니 무리하게 대출을 받는 것은 불가능하지만, 대출 규제가 풀린 상황에서 무턱대고 대출을 받아 투자했던 부동산들이 경매에 넘어가는 상황을 꽤 자주 보았습니다.

진정한 투자자는 투자하는 것뿐 아니라, 자신의 자산을 지키는 힘도 있어야 합니다. 그러려면 현재 우리가 버는 소득에서 최대한 지출이 적게 나가도록 통제해야 합니다.

처음 투자금을 모을 때 제가 받았던 월급은 정확히 260만 원이었습니다. 매달 지출되는 고정비를 제외하면 약 200만 원이 남았습니다. (물론 부모님과 살고 있었기에 가능한 지출이었습니다.)

저는 200만 원 중 150만 원을 무조건 저축하고, 50만 원을 변동비로 삼아 생활했습니다. 지출을 항목별로 복잡하게 나누기 시작하면, 오히려 장기적으로 관리하기 어려워지고 귀찮아지기 쉽습니다. 매달 고정적으로 발생하는 비용 외에 병원비, 간식비, 외식비 등을 모두 변동비 항목으로 넣어 최대한 단순하게 정리하면 좋습니다.

저는 50만 원이 한 달 변동비였기에, 이를 초과하면 다음 달로 일정을 조율하며 지출을 관리했습니다.

지금까지 네 가지 질문들을 함께 살펴보았습니다. 이 질문들을 거울 삼아 당장 내 상황을 정확하게 파악하시길 바랍니다. 현재 가용할 수 있는 금액이 얼마인지, 보유한 부동산의 규제 상황, 시세, 용도 등을 분명하게 확인하여 기록해두세요. 그리고 부동산 관련 대출을 받기 위해 본인의 연 소득을 확실하게 알아두고, 이미 가지고 있는 주택담보대출은 물론 다른 신용대출이 있다면 한눈에 파악하기 쉽도록 정리해두세요.

이렇게 그때그때 내 상황을 알고 있으면, 투자 계획을 세우기도 쉽고, 적절한 시기에 필요한 대출이 이루어지지 않아 낭패를 보는 일도 피할 수 있습니다.

투자금 1억 원 이하로는 '월세흐름'을 쳐다보지도 마라

저에게 부동산 투자를 배우러 오는 수강생 중에는 2030 직장인의 비율이 상당히 높습니다. 제 또래이기도 한 이분들은 저에게 부동산 투자 노하우를 묻기도 하지만, 어떻게 하면 저처럼 부동산 투자를 통해 퇴사할 수 있는지를 자주 물어봅니다. 특히 퇴사를 한 후에도 생활을 꾸려나갈 수 있게 '월세'를 만드는 방법에 대해 적극적으로 알고 싶어 합니다.

회사는 그만두고 싶은데 모아놓은 투자금은 전무하고, 매달 들어오는 '월급'이 없으면 생활을 이어갈 수가 없으니, '월세흐름'을 만드는 데만 집중합니다. 그런데 월세 받는 것에 집착할수록 퇴사의 꿈이 점점 멀어질 수 있다는 사실을 아시나요?

평범한 직장인이라면 초기 투자금 자체가 크지 않기 때문에, 월세만으로 퇴사를 결정할 정도의 유의미한 소득을 만들기 어렵습니다. 제가 만일 월세흐름에 집착해서 투자를 하고 있었다면, 아직도 회사에 다니고 있었을 것입니다. 월세흐름을 만든다는 것 자체가 대출을 늘려가면서 투자한다는 것을 전제로 하기 때문이죠.

예를 들어보겠습니다. 대출 없이 투자금 5,000만 원을 몽땅 넣어서 만들 수 있는 월세는 어느 정도일까요? 5,000만 원짜리 수도권 소재의 원룸 오피스텔은 보통 보증금 500만 원에 월세 35만 원 정도 합니다. 수년간 모은 투자금을 넣어서 만들 수 있는 월세흐름이 35만 원인 것입니다. 이것만으로는 일하지 않고 살아간다는 것은 절대 불가능하겠죠.

그럼 대출 80%(이자 3.5%)를 받는다면 어떨까요? 같은 투자금으로 5,000만 원 오피스텔 4채를 매입할 수 있습니다(취득세율 4.6% 적용). 그럼 얻게 될 수 있는 월세는 다음과 같습니다.

월세 35만 원×4채
= 140만 원-대출이자 46만 원(대출 4,000만 원×4채×3.5%(이자)
/12개월)
= 94만 원

하지만 이 가정은 대출이 계속해서 나오고, 저금리가 유지된다는 전제 아래 가능합니다. 금리가 올라가고, DSR 규제로 소득에 따른 대출한도가 막히는 상황도 고려해야 합니다. 그렇기에 소득의 한계가 분명한 월급쟁이가 처음부터 부동산 여러 채의 월세로 퇴사하는 것은 현실적으로 어렵습니다.

결론을 말씀드리자면, 투자금이 부족할 때에는 우선 '월세'가 아닌 '자산 규모'를 늘리는 방향으로 전략을 세워야 합니다. 대출이 나오지 않는다면 아파트, 빌라, 오피스텔을 전세를 끼고 매입하거나, 경매를 통해 전세가보다 저렴하게 낙찰받은 뒤 전세를 다시 놓는 방식으로 투자금을 불려야 합니다.

제가 처음 경매로 취득한 서울 화곡동 빌라는 낙찰받은 지 2년

| 화곡동 신양그린빌

후, 전세가 상승으로 5,000만 원이라는 큰 목돈을 만들어주었습니다. 저는 2년 동안 별도로 모은 투자금 3,000만 원을 합하여, 이때부터는 '인생이 바뀌는 투자'를 하기 시작했습니다.

여러 채의 부동산을 소유하다 보면, 자본금이 없을 것 같지만 2년 후 전세가가 오르면 100만 원 단위가 아닌, 최소 1,000만 원 단위로 오르기 때문에 1억 원이란 돈을 따로 저축하지 않아도 통장에 쌓이게 됩니다. 이때부터 대출 레버리지까지 활용하면 유의미한 월세흐름을 만들 수 있는 1개의 물건에 투자하는 일이 가능해집니다.

경장인이 주거용 부동산에만 투자하는 이유

저는 지극히 평범한 사람입니다. 그렇기에 주거용 부동산에 집중적으로 투자하고 있습니다. 간혹 유튜브를 보면 상가를 통해 수억 원의 시세차익과 90% 이상의 대출을 받은 '신화' 같은 사례들이 간간이 들려옵니다. 그런데 이 '신화'의 결말에만 감정을 이입해서는 안 됩니다.

성공이 있기까지 신화 속 주인공인 투자자가 얼마나 많은 공부와 조사를 했는지, 이전에 겪은 실패의 경험이 얼마나 되는지는 영상에 전혀 담겨 있지 않습니다. 단 몇 분의 영상으로 알게 된 이야기의 겉모습에 현혹되지 않으셨으면 좋겠습니다.

어떤 투자를 시작해도 마찬가지겠지만, 상업용 부동산에 투자하려면 충분한 지식과 실력이 겸비돼야 좋은 성과를 만들 수 있습니다. 제대로 준비하지 않고 섣불리 투자했다가는 오랜 기간 이어지는 공실과 높은 대출이자 때문에 삶이 고달파질 수 있습니다.

기본적으로 상가 수요는 자영업자와 프랜차이즈 등을 운영하는 사업체에서만 나옵니다. 반면 주거용 부동산은 그 지역에 거주하고자 하는 모든 세대를 대상으로 합니다. 과연 어떤 영역의 수요가 더 클까요? 우리가 아무리 좋은 부동산에 투자했다고 한들, 이용해주는 사람이 없으면 의미가 없습니다. 즉, 공실이 나면 오히려 손해를 볼 수밖에 없습니다. 수요자가 많은 상품에 투자해야 이런 위험에서 벗어날 수 있습니다.

그럼에도 상업용 부동산 투자에 관심이 있으시다면 관련 정보를 상세히 숙지하시고, 특히 상가 투자로 돈을 벌었다는 이들을 찾아가 상담을 받아보시길 강력히 권합니다. 임장(해당 부동산을 직접 방문해서 조사하는 행위) 또한 여러 번 하신 후에 투자를 고려하세요.

저는 현재 '경기도 수원시 내 신도시 광교'에 거주하고 있습니다. 이 지역은 전용 면적 $84m^2$(25평)를 기준으로 아파트값 평균 매매가가 14억 원(2022년 3월 기준)에 다다릅니다. 그럼에도 여전히 수요가 끊이질 않아 공실이 없는 동네입니다. 그런데 상가용 부동산의 상황은 다소 다릅니다. 수년 동안 '공실 천국'이라 말해도 과언이 아닙니다. 애초에 신도시를 조성할 때 상업용 토지를 주거 세대수에 비해 많이 할당하긴 했지만, 그래도 실거주자의 높은 소득

| 신도시 상가 공실

수준을 감안하면 상가 공실률은 처참한 수준입니다.

주변의 주거용 부동산 상승이나 유동 인구의 증가가 반드시 상가 수요로 이어지지 않을 수 있습니다. 잘못된 분석을 통한 상가 투자는 오랜 고생으로 이어질 수 있으니 유념하시기 바랍니다.

이제부터는 주거용 부동산의 종류와 각 상품에 따른 투자 접근법을 살펴보겠습니다.

주거용 부동산으로 어떤 유형이 있을까?

....

- **아파트** : 한 건물 안에 독립된 여러 가구가 거주할 수 있도록 지은 5층 이상인 주거용 건물.
- **다세대주택(빌라)** : 층수가 4개 층 이하인 주택을 뜻하며, 1개 동의 바닥면적 합계가 660㎡ 이하의 건물.
- **오피스텔** : 오피스 공간과 주거용 공간을 합친 형태의 건물.
- **단독주택** : 한 세대가 독립된 주거생활을 할 수 있는 하나의 건물.

어떤 아파트를
사야 할까?

아파트는 기본적으로 모든 사람이 선호하는 형태의 주거 공간입니다. 즉 '투자자' 입장에서는 원하는 사람이 많으니 거래가 쉽게 이루어지고, 가격이 오를 확률도 높다는 것을 뜻합니다. 실제로 주거용 부동산 중에서 아파트 가격이 가장 빠르게 상승합니다. 대중에게 주요 자산으로 투자가치를 크게 인정받는다고 볼 수 있죠.

부동산에서 매매가는 실사용 가치와 투자가치가 함께 고려되어 평가되는데, 전세의 경우는 빌려 사는 것이기에 실사용 가치 위주로 평가됩니다. 아파트는 투자가치를 중점적으로 평가받기에, 주거용 부동산 중에서 매매가와 전세가가 가장 크게 차이 납니다. 그렇기에 전세가율이 높은 빌라와 오피스텔과 비교했을 때, 초기 투자금이 많이 들고 정부의 규제도 강하게 받습니다. 하지만 장기적으로 투자해놓고 묻어둔다는 투자 개념에서는 아파트만 한 것이 없습니다.

만약 5,000만 원 이하의 소액으로 투자를 생각한다면 아파트보다는 다세대주택이나 오피스텔이 더 적합할 것입니다. 누구나 선호하는 수도권 아파트는 최근 가격 상승으로 대부분 1억 원 이상의 투자금이 드니까요.

대신 시선을 돌려 '지방 아파트'를 본다면, 소액으로도 충분히 노려볼 수 있습니다. 대출이 나오는 비규제지역을 염두에 둘 수 있고, 전세가율이 80% 이상인 2억 원 이하의 아파트는 5,000만 원으로도 충분히 투자할 수 있습니다.

다만, 지방은 수도권에 비해 일자리 및 부동산 수요가 한정적이기에 더욱 철저히 분석하고 들어가야 합니다. 해당 지역의 경제를 이끄는 기업의 상황이 좋지 않거나, 인구와 세대수가 줄어드는 지역은 투자를 피하는 게 좋습니다. 이런 요소들을 잘 분석해 수익을 내는 방법은 PART 4에서 집중적으로 알려드릴 것입니다.

오피스텔 투자가 매력적인
9가지 이유

　오피스텔이나 빌라에 투자하면 무조건 떨어지고, 거래가 잘 이루어지지 않아 공실이 난다는 것은 정말 잘못된 선입견입니다. 제대로 된 조사와 분석을 한 후 접근해 엄청난 수익을 거두는 투자자들이 많습니다. 여러분 주변에 없을 뿐이고, 미디어에서 다루지 않을 뿐입니다.

　오피스텔은 상업용 시설인 오피스와 주거용 공간인 호텔이 합쳐진 용어입니다. 세입자가 전입신고를 하느냐, 사업자가 사업자신고를 하느냐에 따라 주거용 혹은 업무용으로 분류합니다. 비교적 신축인 경우가 많아 외관과 내부가 깔끔한 상태로 관리되고, 주변에 각종 편의시설이 잘 갖춰져 있다는 것이 특징입니다. 최근에는 방 2~3개와 거실, 주방 등 아파트와 유사한 형태를 갖춘 주거용 오피스텔이 늘어나고 있으며, '아파텔'이라는 별칭으로 각광받고 있습니다.

오피스텔은 법적으로는 상업용 시설로 분류되기에 주거용 부동산에 대한 정부의 규제가 심해질 때는, 대출이나 세금 관련하여 유리합니다. 그래서 지속해서 관심을 가지는 것이 좋습니다. 이제 소액 투자로 오피스텔이 매력적일 수밖에 없는 9가지 이유를 더 알려드리겠습니다. (모두 2022년 5월 기준으로 확인된 사항입니다.)

(1) 1인 가구가 늘고 있다

우선 1인 가구 대부분이 거주용 공간으로 오피스텔을 선호합니다. 1인 가구가 실 주거지로 고려하는 부동산으로는 다세대주택(빌라), 다가구주택(원룸), 고시원, 오피스텔을 들 수 있는데, 그중 단연코 부대시설과 보안시설을 잘 갖춘 오피스텔 수요가 많습니다.

더욱이 혼자 사는 가구를 대상으로 한 각종 범죄에 대한 우려가 커지면서, 여성의 경우 오피스텔을 우선순위로 고려하는 편입니다. 보안에 대한 중요성은 갈수록 높아지고 그러한 1인 가구가 전국적으로 느는 추세인 만큼, 오피스텔 수요도 자연스레 증가할 것은 자명한 사실입니다.

오피스텔에 투자하기로 했다면, 학생 수요가 많은 대학가나 일

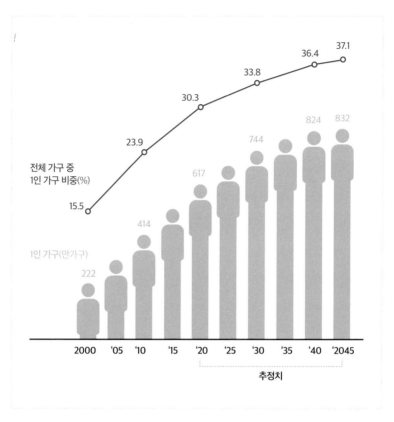

| **1인 가구 증가 전망치** | 출처: 2019 통계청 장래인구추계, 총 인구 예상은 중위 추계 기준

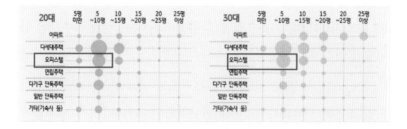

| **1인 가구가 주거하는 부동산 주택 유형 및 면적**(단위: %) 출처: KB금융지주 경영연구소

자리가 몰려 있는 지역부터 매물을 찾아보시길 권합니다. 서울을 예로 들면 강남, 영등포, 종로 등으로 접근하는 것이 좋습니다.

(2) '유일하게' 덜 올랐다

지난 몇 해 동안 오피스텔을 제외하고 시세가 전부 가파르게 올랐습니다. 혹 누군가는 이렇게 반문할 수도 있습니다. "지금까지 오르지 않았는데, 앞으로 오르겠습니까?"라고 말입니다. 그러나 저는 다르게 생각합니다.

기본적으로 자본주의 사회에서는 돈이 계속 늘어나고, 유동성이 확대될 수밖에 없습니다. 현재는 돈이 움직일 곳이 여의찮은 상황입니다. 토지와 건물은 이미 단기간에 빠르게 올랐고, 아파트 매매가 또한 상승세인 데다가 세금과 대출 등 각종 규제 때문에 쉽사리 투자하기가 어려워졌습니다.

이런 상황에서 가장 덜 올랐으면서 소액(세금까지 3,000만 원 이하)으로 투자할 수 있고, 심지어 그 투자처가 강남, 판교, 영등포, 신촌 등 일자리와 대학교가 밀집된 지역이라면 어떨까요? 저는 안 할 이유가 없다고 생각합니다.

물론 오르지 않을 수 있습니다. 하지만, 최소한 이 책에서 짚어드릴 조건만 충족하는 물건이라면, 매매가가 떨어지기는 쉽지 않습니다. 결국 투자라는 것은 'risk'가 있기에 돈을 버는 것이고, 'risk'

가 무서워 아무것도 하지 않는다면 결코 'return'도 없습니다. 자본주의 사회에서 돈을 굴리지 않으면 앞으로 계속 가난해질 수밖에 없습니다.

(3) 분양은 줄고, 월세 수익률 하락도 멈췄다

다음 그래프에 나타나는 것처럼, 전국적으로 오피스텔 분양 수가 줄어들고 있습니다. 부동산 가격은 수요와 공급 법칙에 가장 많은 영향을 받는데, 공급량이 떨어지고 수요가 일정하다면 가격은 올라갈 수밖에 없겠죠.

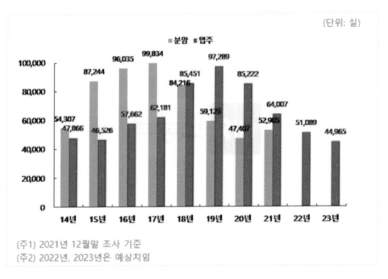

(주1) 2021년 12월말 조사 기준
(주2) 2022년, 2023년은 예상치임

| 전국 오피스텔 분양 및 입주 물량 추이   출처: 부동산R114 REPS

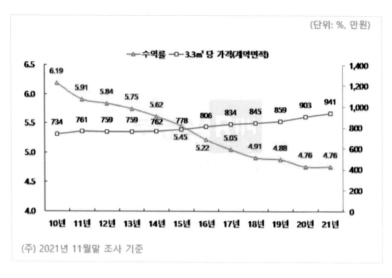

(단위: %, 만원)

| 전국 오피스텔 수익률 및 매매가 추이 | 출처: 부동산R114 REPS |

나아가 월세 수익률 하락이 멈췄다는 점에도 주목할 필요가 있습니다. 보통 투자자들은 부동산 가격이 하락하다 '멈춘' 시점에 지대한 관심을 갖습니다. 일반적으로 매매가가 저점을 찍고 올라가기 시작하면, 최소 2년 이상은 상승세가 지속되기 때문이죠. 올라가기 시작한 시점에 들어가면 이미 늦었다고 판단하는 경우가 많습니다.

오피스텔은 실거주 상품이기 전에 수익형 상품의 성격도 띠고 있기에, 월세 수익률이 매매가를 결정합니다. 그렇기에 수익률 하락이 멈추고 상승 기로를 타게 되면, 자연스레 매매가에도 반영될 것입니다.

(4) 건자잿값이 상승하고 있다

건자잿값, 인건비, 공사비 등 신축 비용이 인상하고 있습니다. 투자 목적으로 신축을 노렸던 사람들이 수지타산이 맞지 않아 기존에 지어진 부동산으로 몰리기 시작했습니다. 제 주변에도 토지와 신축 비용을 알아보다 포기하고, 기존 부동산에 투자한 분들이 많습니다. 그중에서도 소액으로 충분히 투자 가능하며, 상대적으로 덜 오른 원룸 오피스텔을 문의하는 사람들이 늘고 있습니다.

건자잿값이 오르자 공급 물량이 줄어들고 기존에 있던 원룸 오피스텔을 향한 투자 수요가 증가하니, 매매가는 올라갈 수밖에 없습니다.

(5) 전세가율 높아 투자금이 적게 묶인다

현시점에서 주거용 부동산 중 다주택자가 소액으로 투자를 시도해볼 수 있는 것은 매매가와 전세가가 거의 비슷한 빌라와 오피스텔이 유일합니다.

(6) 대출에 유리하다

오피스텔은 주거용으로 사용하고 있을지라도 대출 관련해서는 상업용 시설로 분류되기 때문에 규제지역에서의 담보대출도 KB시세 70%까지 가능합니다. 같은 규제지역 내 매매가 10억 원의 아파트와 오피스텔이 있다고 가정했을 때, 아파트는 무주택자가 실거주를 해야 KB시세의 60% 전후로 대출이 나옵니다.

반면 오피스텔은 실거주를 하지 않아도, 다주택자여도 70%까지 대출이 가능합니다. 들어가는 투자금 부담이 훨씬 덜한 것입니다. 그러니 아파트 대출을 받지 못하는 이들의 오피스텔 투자 수요가 더 늘어날 수밖에 없습니다. 또한 갑작스레 공실이 나더라도 대출을 받아서 전세입자에게 보증금을 돌려줄 수 있습니다.

(7) 청약에서 무주택자 조건 유지가 가능하다

청약을 계획하고 있다면 오피스텔에 더욱 주목해야 합니다. 오피스텔은 업무용이든 주거용이든, 주택수에 합산이 되지 않기에 '무주택' 자격을 유지할 수 있습니다. 다만, 청약이 아닌 세금 체계와 관련해서는 실제 사업자가 전입한 업무용이 아니라면, 주택수에 합산되니 주의하셔야 합니다.

취득세와 보유세, 종부세에 한해서는 해당 오피스텔이 업무용인지 주거용인지 사전에 지자체 소속의 재산세 담당자에게 문의해야 합니다. 양도세는 실질과세 원칙에 따라 전입신고가 되어 있으면 주택으로, 사업자가 들어와 있다면 상가로 양도세를 내게 됩니다. (세금 체계에 대한 더 자세한 내용은 PART 5의 〈다주택자도 종합부동산세 중과를 피할 수 있다〉에서 다루겠습니다.)

(8) 주택자금조달계획서 제출 의무가 없고, 토지거래허가구역에서 자유롭다

명칭 그대로 오피스텔은 태생 자체가 주택이 아닌 상업용 시설이기에 '주택자금조달계획서' 제출 의무가 없습니다. 주택자금조달계획서는 규제지역 내 주택거래 신고 시 의무적으로 제출해야 하는 서류로서, 2020년 6월 17일 이후에는 투기과열지구와 조정대상지역의 주택은 금액에 상관없이 자금조달계획서를 제출해야 하는 의무 대상으로 바뀌었습니다.

그리고 해당 토지(토지뿐 아니라 대지권이 있는 모든 주거용 부동산 포함)를 거래할 때 관할구청의 승인을 받아야 하는 것 또한 없습니다.

(9) 종부세를 피할 수 있고, 취득세 중과가 없다

오피스텔은 업무용으로 보느냐 주거용으로 보느냐에 따라 세율이 다르게 적용됩니다. 관할구청에서 '업무용'으로 판단하면 상가재산세로, '주거용'으로 판단하면 주거용 재산세로 책정합니다. 즉 세입자가 전입신고를 하더라도 업무로 인정받는다면, 종합부동산세를 내지 않게 됩니다. (종부세는 주택에만 부과되는 세금입니다.) 세입자의 전입신고 여부가 용도를 분류하는 기준은 아니라는 뜻입니다. 오피스텔이 주거용으로 분류되어 재산세(종부세 합산)가 적용되는 경우는 다음 세 가지입니다.

1. 소유주가 주택임대사업자에 등록한 경우
2. 재산세 변동신고서를 통해 주택으로 신고한 경우
3. 전 소유주가 주택으로 재산세를 납부해온 오피스텔을 매수한 경우
   (단, 관할구에 따라 소유주가 바뀌면 업무로 변경해주는 지역도 있습니다. 계약서를 작성하기 전 관할구청 재산세 담당자를 찾아 반드시 확인해야 합니다. 소유주가 바뀌면 업무로 변경되는 지역의 경우, 주택으로 바꾸려면 '재산세변동신고서'를 제출하라고 요구할 것입니다. 하지만 의무는 아니기에 제출하지 않고 세입자를 받아도 업무용으로 간주되어 상가 재산세가 나옵니다. 간혹, 주거로 사용하고 있는데 업무로 적용하는 것에 대한 불이익은 없냐는 질문을 많이 받는데, 현재까지는 불이익이 없습니다.)

종부세를 내지 않거나 명의를 여러 개로 분산할 수 있는 분들이라면, 특히 오피스텔 투자를 진지하게 고려해볼 수 있습니다. 종부세는 세대별 합산이 아닌, '인별' 과세이기 때문입니다. 즉, 내 명의로 종부세가 나오더라도 배우자 명의로 종부세가 나오지 않는다면, 배우자 명의로 투자할 수 있습니다.

재산세 자체만 보면 상가 재산세가 0.25% 일괄 적용으로 주거용(6,000만 원 이하는 0.1%, 6,000만 원 초과~1.5억 원 이하는 0.15%)보다 비쌉니다. 그래도 상가 재산세를 내는 것이 유리한 이유는, 주거용 재산세는 과세표준 6억 원 이상인 사람일 경우 종부세가 합산되기 때문입니다. 업무용은 과세표준 200억 원 이상일 때 종부세가 나옵니다.

❶ 재산세 과세 기준표

구분	과세대상	과세표준	세율	
			일반	9억 이하 1세대1주택 특례
주택		6천만원 이하	0.1%	0.05%
		1억 5천만원 이하	6만원+6천만원 초과금액의 0.15%	3만원+6천만원 초과금액의 0.1%
		3억원 이하	19만 5천원+1.5억원 초과금액의 0.25%	12만원+1.5억원 초과금액의 0.2%
		3억원 초과	57만원+3억원 초과금액의 0.4%	42만원+3억원 초과금액의 0.35%
건축물		골프장, 고급오락장	4%	
		주거지역 및 지정지역 내 공장용 건축물	0.5%	
		기타건축물	0.25%	
재		5천만원 이하	0.2%	

| 재산세 과세 기준표

과세표준	주택분 종합부동산세 세율		다주택자 중과제도 폐지 및 세율 인하
	2주택 이하	3주택 이상*	현행
3억 원 이하	0.6%	1.2%	0.5%
3억 원 초과 ~ 6억 원 이하	0.8%	1.6%	0.7%
6억 원 초과 ~ 12억 원 이하	1.2%	2.2%	1.0%
12억 원 초과 ~ 25억 원 이하	1.6%	3.6%	1.3%
25억 원 초과 ~ 50억 원 이하			1.5%
50억 원 초과 ~ 94억 원 이하	2.2%	5.0%	2.0%
94억 원 초과	3.0%	6.0%	2.7%
법인	3.0%	6.0%	2.7%

* 조정대상지역 2주택 포함

| 주택분 종합부동산세율표 (출처: 이승훈 부동산연구소)

가령 규제지역에 공시지가 10억 원인 아파트 두 채를 보유한 A 씨가 2억 원의 오피스텔을 매수했을 때, 업무용일 경우와 주거용일 경우의 재산세를 비교하면 다음과 같습니다.

#	적요	값	비고
1	자산1 - 공시지가	1,000,000,000	입력값
2	자산1 - 과세표준	450,000,000	재산세 공정시장가액비율 45% 적용
3	자산1 - 재산세	1,170,000	570,000원 + 3억 원 초과금액의 0.4%
4	자산1 - 지방교육세	234,000	재산세액의 20%
5	**자산1 - 납부액**	**1,404,000**	**재산세 + 지방교육세 + 도시지역분**
6	자산2 - 공시지가	1,000,000,000	입력값
7	자산2 - 과세표준	450,000,000	재산세 공정시장가액비율 45% 적용
8	자산2 - 재산세	1,170,000	570,000원 + 3억 원 초과금액의 0.4%
9	자산2 - 지방교육세	234,000	재산세액의 20%
10	**자산2 - 납부액**	**1,404,000**	**재산세 + 지방교육세 + 도시지역분**
11	공시가격합산	2,000,000,000	입력값 합계
12	종부세 공제금액	1,400,000,000	1세대 1주택 초과로 공제금액 14억 원
13	종부세 과제표준	360,000,000	(공시가격합 - 공제금액) × 공정시장가액비율 60%
14	종합부동산세	1,920,000	6억 원 이하 세율 0.7%, 누진공제액 60만 원
15	재산세 중복분	510,545	2,340,000 × 648,000 / 2,970,000
16	중복분 차감후	1,409,455	재산세 중복분(510,545) 차감 후 종부세
17	농어촌특별세	281,891	종합부동산세의 20%
18	종부세 합산금액	1,691,345	종합부동산세 + 농어촌특별세
19	**총 납부액**	**4,499,345**	**재산세 + 지방교육세 + 종부세 + 농어촌특별세**

| 업무용 오피스텔 재산세

업무용 오피스텔은 종부세에 포함되지 않으므로, 50만 원 재산세(2억 원 × 0.25%)만 포함하면 됩니다. 고로 위에 계산된 금액 '약 450만 원+50만 원 =500만 원'으로 1년 재산세 + 종부세가 계산됩니다.

#	적요	값	비고
1	자산1 - 공시지가	1,000,000,000	입력값
2	자산1 - 과세표준	600,000,000	재산세 공정시장가액비율 60% 적용
3	자산1 - 재산세	1,770,000	570,000원 + 3억 원 초과금액의 0.4%
4	자산1 - 지방교육세	354,000	재산세액의 20%
5	**자산1 - 납부액**	**2,124,000**	**재산세 + 지방교육세 + 도시지역분**
6	자산2 - 공시지가	1,000,000,000	입력값
7	자산2 - 과세표준	600,000,000	재산세 공정시장가액비율 60% 적용
8	자산2 - 재산세	1,770,000	570,000원 + 3억 원 초과금액의 0.4%
9	자산2 - 지방교육세	354,000	재산세액의 20%
10	**자산2 - 납부액**	**2,124,000**	**재산세 + 지방교육세 + 도시지역분**
11	자산3 - 공시지가	200,000,000	입력값
12	자산3 - 과세표준	120,000,000	재산세 공정시장가액비율 60% 적용
13	자산3 - 재산세	150,000	60,000원 + 6천만 원 초과금액의 0.15%
14	자산3 - 지방교육세	30,000	재산세액의 20%
15	**자산3 - 납부액**	**180,000**	**재산세 + 지방교육세 + 도시지역분**
16	공시가격합산	2,200,000,000	입력값
17	종부세 공제금액	600,000,000	1세대 1주택 초과로 공제금액 6억 원
18	종부세 과제표준	960,000,000	(공시가격합 - 공제금액) X 공정시장가액비율 60%
19	종합부동산세	7,200,000	12억 원 이하 세율 1%, 누진공제액 240만 원
20	재산세 중복분	1,828,335	3,690,000 X 2,304,000 / 4,650,000
21	중복분 차감후	5,371,665	재산세 중복분(1,828,335) 차감 후 종부세
22	농어촌특별세	1,074,333	종합부동산세의 20%
23	종부세 합산금액	6,445,997	종합부동산세 + 농어촌특별세
24	**총 납부액**	**10,873,997**	**재산세 + 지방교육세 + 종부세 + 농어촌특별세**

| 주거용 오피스텔 재산세

업무용과 주거용을 비교하면 1년 재산세와 종부세를 합쳐 무려 600만 원가량 차이가 납니다. 시세 상승이 아파트에 비해 더딘 2억 원의 주거용 원룸 오피스텔을 다주택자가 투자하게 되면, 득보다 실이 크다는 것입니다. 그러니 다주택자이거나 향후 다주택자가 될 예정이신 분들은 관할구청 재산세 담당자에게 문의하여 업무로 인정받을 수 있는 오피스텔에 투자해야 합니다.

지금 주목해야 하는
빌라 시장

다세대주택, 즉 빌라의 가장 큰 장점은 아파트에 비해 매매가가 낮으면서도 전세가와 매매가의 차이가 작아서, 투자금이 적게 든다는 데 있습니다. 그렇기에 투자하고 난 후에도 돈이 묶일 일이 거의 없습니다.

또한 빌라는 집주인이 갖는 대지권이 크다는 장점이 있습니다. 간략히 설명하자면, 하나의 땅 위에 소유주가 여러 명으로 나누어지는 아파트와 오피스텔을 집합건물이라고 합니다. 소유주가 많으면 땅의 권리인 소유 대지권이 적어질 것이고, 소유주가 적으면 각 소유주의 대지권은 커질 것입니다.

한 대지 위에 소유주가 많은 아파트와 오피스텔과 달리 다세대주택은 대부분 20세대 이하이기에, 한 명의 집주인이 갖는 토지 지분이 상대적으로 큽니다. 대지권이 크면, 차후에 빌라가 재개발지역으로 묶였을 때 큰 평수의 아파트 분양권을 받을 수 있습니다.

대출 규제나 세금 측면에서는 아파트와 동일하게 적용된다고 볼 수 있습니다. 그러나 돈이 적게 묶이면서 시세 상승도 누릴 수 있기에 빌라는 투자처로 상당히 괜찮습니다. 다만, 빌라는 세대수가 많은 오피스텔과 아파트에 비해 시세 조사가 까다롭다는 특징을 갖고 있습니다. 까다롭다는 것은 남들도 어려운 것이기에, 내가 조사만 잘한다면 '흙 속의 진주'를 찾을 수도 있다는 얘기입니다. 특히 빌라의 가격은 평수가 같더라도 방과 화장실 개수, 엘리베이터 유무, 몇 층인지에 따라 상이하니 염두에 두고 보시기 바랍니다. (통상 2, 3층이 로얄층이고, 반지하가 가장 저렴하며 다음으로 탑층이 가장 저렴한 편입니다.)

더욱이 빌라의 세대수가 20세대가 넘지 않기 때문에, 실거래가 없는 경우도 다반사입니다. 그렇기 때문에 해당 주소지뿐 아니라, 주변에 있는 빌라들이 얼마에 매물로 나와 있고, 얼마에 실거래가 이루어졌는지 반드시 확인해야 합니다. (당연히 비슷한 연식과 층, 방과 화장실 개수를 맞춰서 살펴봐야 합니다.)

빌라는 소액 투자가 가능하고, 공시가 1억 원 이하는 취득세 중과배제가 적용되고, 재개발 호재 등을 노려볼 수 있습니다. '선입견'을 걷어내면 남들이 보지 못했던 빌라의 가치가 새롭게 보일 것입니다.

투자할 때 조심해야 할 빌라

1. 주차공간이 없는 빌라

건축법이 개정되어서 2008년부터는 1층을 필로티(pilotis, 건축물 1층을 기둥만 서는 공간으로 만들고 2층부터 주거용 공간을 짓는 방식)로 빼서 주차공간을 만들어줘야 합니다. 반대로 이야기하면, 2008년 전에는 주차와 관련된 법이 없었기 때문에, 오래된 빌라를 투자할 때는 반드시 주차 가능여부를 조사한 뒤 투자결정을 내려야 합니다.

빌라에 주차공간이 없을지라도, 주변에 공용주차장이 있거나, 넓은 대로변 갓길에 주차할 만한 곳이 있다면 괜찮습니다. 주차공간 여부에 따라 차량을 갖고 있는 세입자들의 선택이 달라질 수 있기 때문에 되도록 주차공간이 확보된 빌라를 찾길 권합니다.

2. 건물 자체에 하자가 있는 빌라

오래된 빌라 같은 경우에 건물 자체에 하자가 있는 경우가 있습니다. 특히 건물에 고질적인 누수가 있다면 많은 비용을 들여 수리해야 할 수도 있습니다. 문제는 집 내부에서 발생하는 누수면 다행이지만, 건물 외벽을 타고 빗물이 스며들어 누수가 발생할 수 있습니다. 이런 경우에는 책임 소재가 불분명하기 때문에 이웃 주민들과 함께 돈을 모아 보수공사를 진행해야 합니다.

하지만, 개별등기로 되어 있는 다세대주택 특성상 돈을 걷고 공

■건축물대장의 기재 및 관리 등에 관한 규칙 [별지 제5호서식] <개정 2021. 7. 12.>

집합건축물대장(전유부, 갑) 위반건축물

501호
(2쪽 중 제1쪽)

| 고유번호 | 4136025621-3-05200025 | 민원24접수번호 | 20220304 - 74973694 | 명칭 | | 호명칭 | 501 |

| 대지위치 | 경기도 남양주시 화도읍 마석우리 | 지번 | 520-25 | 도로명주소 | 경기도 남양주시 화도읍 비룡로33번길 8-6 |

| 전 유 부 분 | | | | | 소 유 자 현 황 | | |

구분	층별	※구조	용도	면적(㎡)	성명(명칭) 주민(법인)등록번호 (부동산등기용등록번호)	주소	소유권 지분	변동일자 변동원인
주	5층	철근콘크리트구조	공동주택(다세대주택)	59.98	정○○ ******-*******	경기도 남양주시 화도읍 비룡로3 3번안길 8~6,501호(해피하우스)	1/1	2016.4.7. 소유권이전
		- 이하여백 -			정○○ ******-*******	경기도 남양주시 화도읍 비룡로3 3번안길 8~6,501호(해피하우스)	/	2019.8.29. 등기명의인표시변경

| 공 용 부 분 | | | | | | | |

구분	층별	※구조	용도	면적(㎡)			
주	각층	철근콘크리트구조	계단실,ELEV	15.78	- 이하여백 - ※ 이 건축물대장은 현소유자만 표시한 것입니다.		
		- 이하여백 -					

| 건축물대장에 표시된 위반건축물

■건축물대장의 기재 및 관리 등에 관한 규칙 [별지 제5호서식] <개정 2017. 1.20.>

집합건축물대장(전유부, 갑)

(2쪽 중 제1쪽)

| 고유번호 | 2823710100-3-04890006 | 민원24접수번호 | 20191007 - 29259484 | 명칭 | 혜원하우스 | 호명칭 | 201 |

| 대지위치 | 인천광역시 부평구 부평동 | 지번 | 489-6 | 도로명주소 | 인천광역시 부평구 충선로9번길 51 |

| 전 유 부 분 | | | | | 소 유 자 현 황 | | |

구분	층별	※구조	용도	면적(㎡)	성명(명칭) 주민(법인)등록번호 (부동산등기용등록번호)	주소	소유권 지분	변동일자 변동원인
주	2층	철근콘크리트구조	제2종근린생활시설(사무 소)	50.62	******-*******	서울특별시 구로구 경인로 236 , 105동 601호(오류동,예성라온월 드스)	50/100	2015.03.10 소유권이전
		- 이하여백 -			******-*******	인천광역시 미추홀구 낙섭로로1 13번길 9-24, 401호(용현동)	50/100	2019.07.24 소유권이전

| 공 용 부 분 | | | | | | | |

구분	층별	※구조	용도	면적(㎡)			
주	각층	철근콘크리트구조	EV, 복도, 계단실	5.887	- 이하여백 - ※ 이 건축물대장은 현소유자만 표시한 것입니다.		
		- 이하여백 -					

| 건축물대장에 사무실로 등재된 예시

사를 계획하는 일은 쉽지 않습니다. 가장 좋은 방법은 매물을 계약하기 전에 철저히 임장을 하는 것입니다. 거주하고 있는 이웃 주민들을 만나 이야기를 나누며 하자가 없는지 꼼꼼히 확인해야 합니다.

3. 건축물대장에 위반건축물 또는 사무실로 등재된 빌라

외관상 다세대주택처럼 생겼다고, 건축물대장에도 모두 다세대주택으로 등록되어 있는 것은 아닙니다. 간혹 눈에 보이는 외관과 달리 건축물대장에 사무실로 등재되어 있거나, 더 나아가 건축물대장 위쪽에 '위반건축물'로 표시되어 있다면 매달 큰돈을 '이행강제금'으로 내야 할 수도 있습니다.

더 큰 문제는 사무실로 이용할 경우 세입자가 전입신고를 할 수 없으며, 그렇기 때문에 당연히 담보대출도 어렵습니다. (일부 특수대출 즉, 제3금융권과 P2P대출은 예외입니다.) 건축물대장을 확인하지 않고 잘못 투자했다가는, 오랜 기간 팔지도 못할뿐더러 공실로 비워둬야 할 수도 있습니다. 그러니 투자 초보자분들에게는 이런 물건을 피하시길 강력히 말씀드립니다.

4. 분양 시 주의해야 하는 신규 빌라

초보자분들에게 신규 빌라를 분양받는 것은 무조건 피하라고 말씀드리고 싶습니다. 물론, 신규 분양되는 빌라 중에도 투자가치가 높은 물건들이 있겠지만, 대다수 신규 분양 빌라들은 건설사의 마진과 함께 중개사의 높은 수수료가 포함되어 있기 때문에, 주변 시세보다 높을 수밖에 없습니다.

물론, 매수자로 하여금 유혹을 느끼게 하는 요소들이 많을 것입니다. 빌트인 옵션(세탁기, 에어컨, 스타일러 등)과 대출 90%이상 또는 전세를 끼고 매수한다면 투자금 1000만 원이면 된다는 등, 마음을 혹하게 만드는 조건들을 들을 수 있습니다. 그런데 여기에 맹점이 있습니다.

대출과 전세의 기준 가격이 해당 동네의 시세라면 문제가 없지만, 대부분은 외부 감정을 통해 가격을 높게 잡습니다. 예를 들어, 시세가 2억 원이라면 2.5억 원이상으로 감정평가금액을 매긴 뒤에, 높은 가격 기준으로 대출과 전세(레버리지)를 받은 것이기에 투자금이 적게 드는 것처럼 보이는 것입니다(투자금 = 매입가 – 전세금(또는 대출금)). 그렇게 매수인에게 비싼 가격에 집을 판 뒤, 시세보다 비싸게 매도한 차익 3,000~4,000만 원을 신축 분양 중개사와 분양 회사가 나눠갖는 것입니다.

바로 깡통전세가 여기서 비롯되는 것입니다. 해당 물건이 경매로 나온다면 어떨까요? 시세는 2억 원정도인데, 전세는 2.3억, 2.4억 원에 들어와 있으니 경매로 입찰하는 사람에게 전혀 메리트가 없겠죠. (오히려 공짜로 낙찰받더라도 빚이 3,000~4,000만 원 더 생길 수 있습니다.)

부동산을
매입하는 법

(1) 공인중개사를 찾아가다

공인중개사를 통해 매물을 보고, 계약하고, 매수하는 것. 가장 일반적으로 부동산이 거래되는 방식입니다. '네이버부동산'에 올라온 매물을 확인한 후 공인중개사에게 연락을 취해 거래를 이어가면 됩니다. 특히 '갭투자'는 공인중개사를 통해서 가능합니다.

보통 아래와 같은 과정을 거쳐 매매 계약이 진행됩니다.

네이버부동산에 있는 매물을 보고 공인중개사에게 연락 ⇒ 공인중개사/집주인 혹은 세입자와 일정을 맞춰 집 내부를 확인 ⇒ 집이 마음에 들면 세부 계약조건과 이사일 등을 조율한 후 가계약금 입금(계약해지 가능) ⇒ 계약서 작성(특약사항, 잔금 납부일, 중도금 납부일을 계약서에 기입) 및 계약금(통상 10%) 납부 ⇒ 중도금 납부(금액에 따라 납부 여부가 다르고, 1차, 2차로 납부할 수도 있음. 단, 중도금까지 납부되면 계약해지 불가) ⇒ 잔금 납부 및 전입 완료

가장 일반적인 방식이기에 원하는 지역의 매물을 찾기가 용이하고 매수자의 선택지가 다양합니다. 아울러 빠르게 투자가 가능하다는 장점이 있습니다. 다만, 공인중개사와 집주인을 직접 상대해야 해서, 경험이 없거나 부동산에 관한 지식이 부족하다면 이들에게 휩쓸릴 수 있습니다. 공인중개사를 만나기 전에 미리 숙지할 필요가 있는 사항들은 PART 6에 정리해두었으니 꼭 확인하시기 바랍니다.

(2) 경매에 주목하다

경매란 부동산을 담보로 돈을 빌린 사람(채무자)이 채무 변제를 하지 않아 돈을 받을 사람(채권자)이 담보물인 부동산을 경매에 넘기는 것을 뜻합니다. 물건별로 정해진 시간에 비공개로 입찰표를 제출하고, 그중 가장 높은 가격을 쓴 사람에게 법원에서 물건을 취득할 권한을 부여합니다. 이를 흔히 낙찰받았다, 낙찰자(최고가 매수

인)가 되었다, 라고 말합니다. 즉, 낙찰은 '가장 높은 가격에 응찰해 물건의 주인이 될 자격을 갖췄음'을 뜻합니다.

공매는 한국자산관리공사가 국가재산을 매각하는 것으로, 마찬가지로 경쟁 입찰방식을 통해 낙찰받을 수 있습니다.

경매는 부동산을 매수하고자 하는 사람이 가격을 정한다는 데 큰 이점이 있습니다. 반면, 경매로 낙찰받은 물건에는 공인중개사가 가지고 있는 매물처럼, 살고 있는 사람의 잔금일과 이사일이 정해져 있지 않습니다. 우리가 직접 만나서 협의해야 하며, 협의가 잘 이루어지지 않을 때는 법원의 힘을 빌려 강제집행으로 내보내야 합니다. 너무 겁먹을 필요는 없습니다. 강제집행까지 가는 경우는 전체 사례에서 5%도 되지 않으며, 나머지 95%는 협의에 따라 적당한 이사비를 주고받으며 마무리됩니다.

경매를 하려면 '권리 분석'에 대해서도 알고 있어야 합니다. 권리 분석은 부동산 경매로 나온 물건에 얽혀 있는 각종 권리를 지칭하는 것인데, 깊이 들어가면 대학 전공 서적 한 권 분량을 공부해야 할 만큼 규정 및 예외 사항이 많습니다. 하지만 여러분은 핵심만 알고 있으면 충분하니 걱정하지 마세요. 경매로 어떤 물건을 낙찰받고자 할 때, 낙찰자가 기존 세입자에게 보상해주어야 할 금액이 있는가 없는가를 중점적으로 살펴보면 됩니다.

없다면 가격조사만 잘하면 되고, 있다면 추가적으로 검토하면 됩니다. 감당 가능한 수준이라면 가격에 감안해서 낙찰가를 더 싸게 받으면 되고, 감당 안 되는 수준이라면 다른 물건을 찾아 입찰하면 됩니다.

경매가 처음이라면 꼼꼼히 살펴보고 확인해야 하는 것들이 많지만 '내가 제시하는 가격, 즉 시장 가격보다 싸게 살 수 있다'라는 강점은 이 모든 고생을 상쇄하고도 남습니다. 그렇기에 저도 경매를 꾸준히 하고 있고, 지금도 입찰장에 가면 이 혜택을 누리고자 하는 사람들로 북적거립니다.

나에게 맞는
투자 유형을 찾아라

　　일반매수와 부동산 경매를 모두 경험하면서 제가 느낀 것은, 두 가지 투자 방법의 성격이 매우 다르다는 것입니다. 그렇기에 상호 보완되는 부분도 물론 있습니다. 장기적으로는 두 투자 방법을 모두 활용하여 부를 축적하면 좋지만, 첫 투자는 자신의 성향과 더 맞는 방법을 택해야 합니다. 그래야 투자를 멈추지 않고 이어갈 수 있습니다.

　　아래 여섯 개의 항목이 있습니다. 찬찬히 읽어보시고 동의할수록 5점, 동의하지 않을수록 1점을 매기면서 총점을 계산해보시기 바랍니다. 20~30점이 나온다면 '경매형 인간', 13~19점이 나온다면 '경매+일반매매 혼합형 인간', 6~12점이면 '일반매매형 인간'입니다.

1. 투자하는 데 시간이 걸려도 확실한 수익이 보장되는 것이 좋다.

2. 예상치 못한 문제가 생겼을 때, 해결하고 싶은 욕구가 생긴다.

3. 익숙하지 않은 것도 실행하면서 배우면 된다.

4. 모르는 사람과 대화하는 것이 불편하지 않다.

5. 모르던 걸 알게 됐을 때 희열을 느낀다.

6. 본업 외 시간이 많아, 부동산 조사에 시간 할애(주중 1시간, 주말 중 하루 3시간 이상)를 충분히 할 수 있다.

총 몇 점이 나오셨습니까? 여러분은 어떤 투자 성향을 갖고 있습니까?

PART 3

초보일수록
경매를 시작하라

돈을 벌고 시작하는
부동산 경매

불과 10년 전만 해도 부동산 경매에 대해 많은 사람이 선입견을 가지고 있었습니다. 하지만 지금 경매 법정에 가보면 20대, 30대를 어렵지 않게 볼 수 있습니다. 경매 물건을 확인하기 위해 공인중개사에게 문의해도 우호적으로 정보를 알려주기도 합니다.

여러분이 생각하는 것보다 '경매'는 보편화되어 있습니다. 블로그, 유튜브 등을 통해 소수만이 공유하던 정보가 일반인에게 소개된 덕분일 것입니다. 이제 누구나 경매에 도전할 수 있게 되었습니다. (다만, 부동산 투자자들 사이에서 보편화되었다는 말이지, 여전히 주변에서 경매하는 사람을 찾는 일은 쉽지 않습니다.)

일단 투자하기로 마음먹었다면 현재 시세보다 저렴하게 매입할 수 있는 '부동산 경매'를 시도해보면 좋겠습니다. 특히 돈은 없지만, 체력은 충분한 젊은 세대들이 꼭 실천했으면 합니다. 투자금이 충분하지 않을 때 수익을 내는 투자로는 부동산 경매만 한 것이 없습니다. 게다가 경매를 몸소 경험하게 되면, 분명 달라진 자신을 발견할 수 있습니다. 경매를 하는 과정에서 배우고 익힌 부동산 지식은, 향후 부동산 투자를 할 때 아주 긴요하게 사용될 것입니다.

이번 PART에서는 저와 수강생들이 낙찰받았던 실제 사례들을 소개하고, 경매의 전체 과정을 차근차근 알려드리고자 합니다. 경매가 막연하고 어렵다는 선입견에서 벗어나는 데 도움이 될 것입니다.

통장 잔액 650만 원으로 낙찰받다

　서울시 강서구 화곡동에 위치한 '신양그린빌.' 제가 사회초년생이었을 시절 처음 경매로 낙찰받은, 제 생애 첫 집입니다. 낙찰받기까지 대략 6개월이 소요되었고, 일곱 번째 입찰에서 낙찰받은 물건입니다. 저 또한 평생을 아파트와 주상복합에서만 살아왔기에, 다세대주택을 첫 투자처로 삼고 실제 입찰에 참여하기까지 결코 쉽지 않았습니다. 그럼에도 저는 나름대로 경매에 대한 확신이 있었습니다.

　자본주의 사회에서는 기본적으로 인플레이션이 발생할 수밖에 없습니다. 그렇다면 매매가와 전세가가 비슷한 빌라를 시세보다 20% 저렴하게 산다면, 적어도 손해를 볼 일이 없지는 않을까요?

서울남부지방법원,	대법원바로가기	법원안내			가로보기	세로보기	세로보기(2)

2017 타경 10999 (임의)		매각기일 : 2018-06-19 10:00~ (화)		경매10계 02-2192-1340	
소재지	(07724) 서울특별시 강서구 화곡동 56-46 신양그린빌 제3층 제303호 [도로명] 서울특별시 강서구 초록마을로26길 64, 제3층 제303호 [화곡동 56-46 신양그린빌]				
용도	다세대(빌라)	채권자	통○○○○○○○○○	감정가	150,000,000원
대지권	24.63㎡ (7.45평)	채무자	송○○	최저가	(80%) 120,000,000원
전용면적	44.76㎡ (13.54평)	소유자	송○○	보증금	(10%)12,000,000원
사건접수	2017-10-25	매각대상	토지/건물일괄매각	청구금액	133,977,164원
입찰방법	기일입찰	배당종기일	2018-05-21	개시결정	2017-10-26

기일현황.

회차	매각기일	최저매각금액	결과
신건	2018-05-02	150,000,000원	유찰
2차	2018-06-19	120,000,000원	매각
정투범/입찰2명/낙찰122,999,999원(82%)			
	2018-06-26	매각결정기일	허가
	2018-07-27	대금지급기한 납부(2018.07.19)	납부
	2018-08-23	배당기일	완료
배당종결된 사건입니다.			

물건현황/토지이용계획	면적(단위: ㎡)	임차인/대항력여부	등기사항/소멸여부
화일초등학교 동축 인근에 위치	【대지권】	배당종기일: 2018-05-21	소유권 이전 2009-09-17 집합
부근은 다가구 및 다세대주택, 단독주택, 근린생활시설 등이 혼재하는 기존 주거지역	화곡동 56-46 대지권 268㎡ 분의 24.63㎡ 24.63㎡ (7.45평)	오○○ 전입 : 2015-12-28 확정 : 2015-12-28 배당 : 2018-05-16 보증 : 25,000,000원	장○○ (거래가) 186,000,000원 매매
인근에 버스정류장 등이 소재하여 대중교통 이용편익은 보통	【건물】 보존등기일:2009-01-12	없음	(근)저당 소멸기준 2010-09-17 집합

| 신양그린빌 낙찰 현황

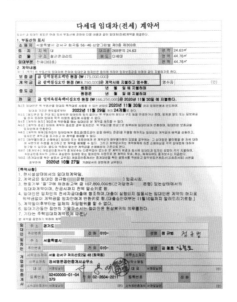

| 신양그린빌 전세계약서

왜냐하면 전세가는 소비자 물가지수에 반영되고, 전세가 상승은 결국 매매가를 올릴 것이니까요.

그렇게 2018년 6월, 저는 시세 1.5억 원 전후로 평가되는 화곡동 빌라를 1.23억 원에 낙찰받았습니다. 당시에는 대출 규제가 없었기에 81%, 즉 1억 원을 대출받고, 취·등록세로 200만 원가량 지출했습니다. 기존 세입자와는 2년 재계약을 해서 보증금 2,500만 원을 받고 나니, 추가적으로 더 들어갈 비용이 없었습니다. 2년간 월세로 45만 원을 따박따박 받았습니다.

2년 뒤인 2020년 8월경, 세입자에게 보증금을 준 후 내보내고, 500만 원을 들여 인테리어 공사를 했습니다. 그리고 전세 1.75억 원에 새로운 세입자를 찾아 전세 계약을 맺었습니다. 전세입자는 지금도 잘 살고 있고, 해당 빌라의 현재 전세 시세는 1.9억 원, 매매가 2억 원을 호가합니다.

어떤가요? 경매가 어렵고 무섭다고 하지만, 이보다 확실하게 돈 버는 기술이 있을까요? 세상에 어떤 주식과 코인이 팔지도 않았는데 투자금을 불려줄까요? 저는 단언컨대, 소유한 자산을 빌려주면서 돈을 버는 방법으로는 부동산 투자가 유일하다고 봅니다. 특히 전세를 올려서 투자금 전액을 회수한 것 이상으로 투자금을 불려나갈 수 있는 건 아파트보다는, 오피스텔과 빌라 투자가 가장 적합합니다.

'첫 투자이기에 운이 좋았던 건 아닐까?'라고 생각하실 수 있지만, 저는 낙찰받기까지의 6개월 동안 손품과 발품을 팔며 착실히 조사했고, 패찰을 해도 포기하지 않았습니다. 목표로 잡은 가격대로 꾸준히 시도했습니다.

첫 시도에 패찰해도 괜찮습니다. 오히려 첫 입찰부터 덜컥 낙찰이 되면 불안감이 드실 겁니다. 기쁜 마음보다는 '낙찰되기가 어렵다고 했는데, 어떻게 한 번에 됐지? 뭔가 잘못 조사했던 걸까?'라는 생각이 먼저 드실 테니, 첫 입찰은 패찰이 당연하다는 마음가짐으로 임하시길 바랍니다. 패찰의 경험이 쌓이다 보면 약간의 오기가 생기고, '좀 더 적극적으로 가격을 써봐야 겠다(물론, 시세보단 저렴하게 받아야지요)'라는 생각이 들면서 성공적인 낙찰까지 한 걸음 한 걸음 나아가게 될 것입니다.

하락기에 더 빛을 내는
경매 투자

최근 부동산 관련 뉴스(2022년 7월 기준)를 보면 '부동산 폭락', '금리 인상'을 언급하는 기사들이 줄지어 나오고 있습니다. 기사 아래에는 안타깝게도 다주택자들이나 영끌해서 집을 산 청년들을 조롱하는 듯한 댓글들도 많이 달려 있습니다.

하지만 실제로 현장을 다니면서 투자자들을 만나보면 분위기가 사뭇 다릅니다. 다주택자(투자자)들은 여전히 여유롭게 현 상황을 관망하고 있고, 1주택자 대부분도 집을 사놓은 데 후회가 없다고, 잘한 일이라고 이야기하고 있습니다. 폭락을 주장하는 분들과 미디어의 생각은 전혀 다른데, 왜 이런 괴리가 발생하는 걸까요? 저는 다음 네 가지 사실을 간과했기 때문이라고 생각합니다.

1. 애당초 영끌하지 못하게 정부에서 대출 규제를 적절히 해왔다.

2. 투자자들은 전세 세팅을 해놨기에 담보대출이 없다(즉 금리의 영향을 받지 않았다).

3. 기준금리를 올리는 폭이 아직까진 크지 않다.

4. 가격이 폭등했기 때문에 웬만큼 떨어지더라도 괜찮다.

저는 지금 같은 하락장이 부동산 경매로 매물을 '줍줍'할 최고의 기회라고 생각합니다. 우리나라가 가장 어려웠던 IMF 시절로 한번 돌아가 볼까요? 다음 그림은 IMF 당시 서울과 분당 지역의 경매 낙찰가율입니다.

◇1억~2억원 이하							
성남1계 98-8747	아파트 18층	32평형 95년7월	22,000 (11,264)	3회 51%	분당구 정자동 181 상록마을 403동 403호	17일	(02) 555-0770
성남1계 98-12166	아파트 21층	33평형 94년10월	18,000 (14,400)	1회 80%	분당구 서현동 310 효자촌 615동 2002호	〃	〃
남부2계 98-15702	아파트 20층	35평형 92년12월	15,000 (12,000)	1회 80%	영등포구 대림동 785 현대2차 202동 2003호	〃	〃
남부2계 98-18282	아파트 15층	32평형 95년8월	15,000 (12,000)	1회 80%	강서구 염창동 244-2 한마음삼성아파트 103동 902호	〃	
본원6계 98-6733	아파트 12층	33평형 96년6월	21,000 (13,440)	2회 64%	서초구 방배동 2525외 3 방배우성 107동 1002호	18일	(02) 512-8588
본원6계 98-15584	아파트 15층	34평형 87년6월	23,000 (11,776)	3회 51%	서초구 반포동 60-4 반 포미도 309동 204호	〃	〃
본원6계 98-16976	아파트 15층	31평형 86년12월	21,000 (10,752)	3회 51%	강남구 도곡동 934-10외 10 역삼우성 1동 1506호	〃	〃

| IMF 당시 서울과 분당 지역의 낙찰가율

지금은 10억 원이 넘어가는 정자동 상록마을 보성아파트는 최초 감정가 2.2억 원에서 반값까지 떨어진 1.1억 원에 낙찰되었습니다. 현재 최소 20억 원이 넘는 반포 미도아파트는 당시 2.1억 원으로 감정되었는데, 마찬가지로 반값인 1.2억 원 수준에 낙찰되었습니다.

이 아파트의 10년 뒤 가격은 어떨까요? 10억, 20억 원까지 올랐으니 그대로일까요? 절대 그렇지 않다고 봅니다. 역사는 반복됩니다. 지금 분위기가 좋지 않다고 투자하지 않는다면 분명히 10년 후에 후회하고 있을지 모릅니다. '아 그때 남들이 주목하지 않을 때 싸게 샀어야 하는데', '경매에 대해 알고 있었는데, 경매로 싸게 살걸' 하고 말입니다. 지금도 돈이 있는 사람들은 3년 뒤, 5년 뒤를 바라보며 경매장에서 부동산을 저렴하게 낙찰받고 있습니다.

다음은 최근 경매로 낙찰된 서울시 성북구 정릉동 소재의 '정릉풍림아이원'이라는 아파트입니다. 참고로 이 물건 외에도 '스피드옥션(speedauction.co.kr)'이라는 경매 사이트를 활용하면 낙찰 결과를 조회할 수 있습니다. 확실히 최근 들어 부동산 분위기가 좋지 않다 보니, 입찰자 수가 확연히 줄어들었음을 확인할 수 있습니다. 그런데 이는 곧 우리가 물건을 '더 싸게' 낙찰받을 기회가 많아졌다는 뜻이기도 합니다.

정릉풍림아이원의 낙찰 현황에서 '기일현황'을 살펴보면 2차만에 낙찰되었고, 입찰 경쟁자가 4명이라고 표기되어 있습니다. '서

정릉풍림아이원 낙찰 현황

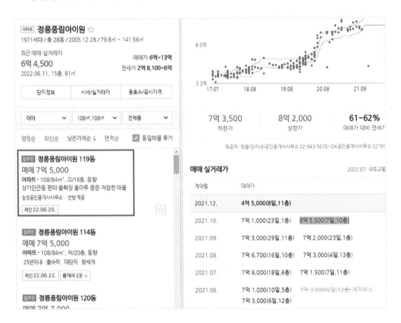

정릉풍림아이원 급매가

울 소재 아파트가 1회 유찰되었는데, 10명 이하로 입찰한다?' 불과 6개월 전의 상황을 곱씹어보면 상상도 하지 못할 일입니다. 20명까지도 충분히 입찰에 참여할 만한 매물이었고, 1등의 가격이 자연스레 급매가 수준으로 높아져도 이상하지 않았을 겁니다.

그런데 이렇게 좋지 않은 분위기 속에서도 경매에 참여한 사람들이 이상하다고 생각하시나요? 과연 이 사람들이 시장을 제대로 파악하지 못하고 대출도 잘 안 되는데, 괜히 경매장까지 와서 입찰하는 걸까요? 시장을 읽는 눈이 경매장에 오는 투자자들이 좋을까요? 폭락만 외치는 폭락론자들이 좋을까요?

답을 단정적으로 내진 않겠습니다. 판단은 여러분들의 몫이지만 적어도 이 책을 읽는 독자들은 투자로 돈을 벌고 싶고, 경제적 자유를 이루고 싶은 분들일 겁니다. 부자가 되고 싶다면 그렇게 된 사람들의 발자취를 주의 깊게 봐야 합니다.

어차피 우리가 부자가 되는 방법은 '사업'과 '투자'밖에 없는데, 사업은 섣불리 하기가 어렵고 주식과 코인은 위험성이 굉장히 높으니 부동산만 한 것이 없다고 생각합니다. 다른 대안이 없다면, 이 부동산 경매로 여러분의 미래를 바꿔나가셨으면 좋겠습니다.

경매를 하기 전 알아야 할 것들

이제부터 경매를 하는 데 알아야 하는 용어와 입찰을 진행하는 과정을 상세히 설명드릴 예정입니다. 다만, 그전에 경매에 대한 여러분의 선입견을 없애고자 경매의 장점과 유념할 부분들을 한데 정리해두었으니, 찬찬히 살펴봐주시길 바랍니다.

장점 1: 시세보다 저렴하게 살 수 있다

모든 경매인이 경매를 하는 가장 중요한 이유는, 바로 시세보다 부동산을 저렴하게 살 수 있기 때문입니다. 매도자가 가격을 정하는 공인중개사 매물과 다르게, 경매 입찰은 '내가 원하는 가격'에 매물을 낙찰받을 수 있습니다.

장점 2: 대출 레버리지를 극대화할 수 있다

저렴하게 매입하는 만큼 담보대출 비율을 높게 가져갈 수 있습니다. 예를 들어, 매매가 대비 70%를 대출받을 수 있는 비규제지역 아파트의 매매가가 2억 원이라고 가정하겠습니다. (KB시세 또한 2억 원입니다.) 원래 대출은 2억 원×70%인 1.4억 원이 나오겠죠.

그런데 만일 이 아파트를 경매로 2,000만 원 싸게 1.8억 원에 낙찰받았다면 대출액은 어떻게 될까요? 낙찰가 1.8억 원×70%가 아닌, 일반 매매와 동일하게 KB시세 2억 원×70%가 나옵니다. 즉, 매매가 1.8억 원에 1.4억 원의 대출이 나오니, 약 78%의 대출이 나오는 것입니다.

은행은 해당 부동산(담보물)을 얼마에 샀는지에 크게 관심이 없습니다. 그보다는 대출받은 사람의 채무가 불량해져서 대출이자 또는 원금을 못 갚게 됐을 때, 해당 집을 경매로 처분해서 빌려준 대출을 회수해야 하는데 그때 얼마를 받을 수 있는지가 더 관심사입니다. 즉, 해당 담보물의 현재 가격(통상 부동산의 가치평가 척도로 쓰는 KB시세)이 관심사이지, 경매로 얼마에 낙찰됐는지는 궁금해하지 않습니다.

그렇기에 시세 대비 싸게 사는 만큼 대출이 더 나오는 것뿐이지, 경매를 위한 특수한 대출상품이 있는 것은 아닙니다. 반대로 적용해보면, 시세와 동일하게 경매로 낙찰받거나 시세보다 가격을 높게 써서 낙찰되면, 담보대출 비율이 오히려 줄어들 수도 있습니다.

장점 3: 돈을 지키는 법을 알게 된다

부동산 경매를 배우면 기본적으로 '권리 분석'을 알게 됩니다. 권리 분석은 내가 특정 부동산을 경매로 낙찰받았을 때, 인수받는 권리가 생겨 '보상해줘야 할 돈이 발행되는지 여부'를 판단하는 것입니다. 경매 투자자 입장에서는 권리 분석을 통해 위험 요소를 미리 알고 입찰을 지속할지 결정하게 됩니다.

그런데 만약 우리가 세입자 입장이라면 어떨까요? 이 '권리 분석'의 지식을 똑똑하게 활용하면 내가 집주인에게 맡긴 보증금이 잘 지켜지도록 안전장치를 마련할 수 있습니다.

권리 분석과 함께 '대항력'에 대해 잘 알아두면 좋습니다. 대항력은 임차인이 살고 있던 집이 경매로 넘어갔을 때, 법원에서 받지 못한 돈을 경매로 낙찰받은 자에게 요구할 수 있는 권리입니다. 법원은 부동산이 경매로 넘어오면 등기부상 날짜가 가장 빠른 권리를 제외하고는 전부 소멸시켜버립니다. 그렇기 때문에 세입자 입장에서는 이 소멸 기준이 되는 권리 날짜보다 빠르게 전입해야 대항력을 갖게 되고, 그래야 법원이 돌려주지 못한 보증금을 낙찰자에게 요구할 수 있습니다.

이처럼 경매 지식을 알고 있으면 세입자로서 소중한 자산인 보증금을 지키는 지식으로도 써먹을 수 있습니다. 그래서 저는 제 자녀들에게도 경매를 꼭 교육할 생각입니다.

단점 1: 수익화까지 긴 시간이 걸린다

경매의 단점 중 하나는 시간을 들여 시세 조사를 하고, 임장을 하고, 휴가를 내서 법원에 입찰하러 가는 등 손품과 발품이 많이 들지만, 낙찰된다는 보장이 없다는 것입니다. 입찰 경쟁자들이 얼마를 쓸지 알 수 없으니 말입니다.

특히 가파른 부동산 상승장에서는 적기에 빠르게 투자를 해야 시장 가격이 올라갈 때 편승할 수 있는데, 경매 법정을 찾는 투자자들이 낙찰받기까지 짧게는 몇 개월, 길게는 1년 이상이 걸릴 수 있습니다. (물론 낙찰받기까지의 기간을 줄이려면, 같은 기간 동안 입찰 횟수를 최대로 늘려 확률을 높이는 게 좋습니다.)

단점 2: 전세 레버리지를 활용하기 어렵다

내 돈을 적게 들이면서 부동산을 매입하는 방법에는 세입자의 전세보증금을 활용하는 '갭투자'가 있습니다. 부동산을 매수할 때 전세입자가 살고 있으면, 통상적으로 그 보증금만큼을 제외하고 거래가 이루어집니다. 예를 들어, 매매가가 2억 원이고 전세입자의 보증금이 1.4억 원이라면, 차액인 6,000만 원과 취득세 및 거래부대비용만 준비하면 됩니다. 그럼 2억 원짜리 부동산을 살 수 있습니다.

그런데 부동산 경매 특성상 아주 일부(전세로 살고 있는 점유자가 배당신청을 안 한 경우)를 제외하고는 낙찰된 가격 전부를 현금으로 법원에 내야 하기에 전세 레버리지를 활용할 수 없고, 내 돈이나 대출에 기댈 수밖에 없습니다. 특히 지금처럼 많은 지역이 규제지역(2022년 5월 기준)으로 묶여 있어 다주택자에 대한 담보대출이 막혀 있다면, 내 투자금이나 신용대출, 마이너스통장을 활용하는 방법밖에 없다는 것이 단점입니다.

단점 3: 변수가 많다

권리 분석상 문제가 없다고 모든 점유자의 명도가 수월하게 이루어지고, 금방 다음 세입자를 구할 수 있는 것은 아닙니다. 심지어

법원에서 배당을 모두 받은 임차인 중에도 이사비를 더 챙기려는 목적으로 끝까지 버티는 사람들도 있습니다.

물론 최종적으로 강제집행이라는 무기가 있기에 결과는 달라지지 않습니다. 하지만 강제집행까지 보통 2~3달 걸리는 것을 참작할 때, 이 기간에 마음이 불편한 것은 사실입니다. 특히나 수월할 줄 알았다면 더더욱 스트레스를 받을 수 있습니다.

만약 집 내부를 보지 못한 채 시세 조사만 하고 입찰했는데, 누수 같은 하자가 뒤늦게 발견된다면 이 또한 낙찰자의 몫입니다. 그러니 반드시 현장 조사를 통해 꼼꼼히 하자 여부를 점검해야 합니다. 아울러 기본적인 절차 속에서 실수가 없도록 유념하시기 바랍니다. 권리 분석을 제대로 확인하지 않거나 입찰표 작성법을 잘못 숙지하여 큰돈(입찰보증금)을 날리는 일은 없어야 하겠습니다.

단숨에 익히는 경매 과정

경매에서 낙찰받기까지의 과정을 상세히 설명해보겠습니다.

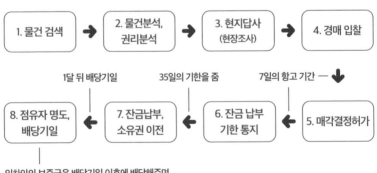

(1) 물건 검색

부동산 경매에 입찰하기 위해서는 경매로 어떤 물건이 나왔는지 살펴봐야 합니다. 특정 아파트를 경매로 사고 싶다고 한들, 경매로 나온 매물이 없다면 입찰 시도조차 할 수 없으니까요.

부모님 세대 때는 인터넷이 없어서 각종 서류를 관공서에서 직접 발급받아 들고 다니면서 경매 물건지에 대해 조사했다고 합니다. 하지만 지금은 거의 모든 정보를 인터넷에서 찾을 수 있습니다.

우선, 경매로 어떤 물건들이 나와 있는지 확인할 수 있는 유·무료 경매 사이트들이 있습니다. 저는 개인적으로 유료 사이트를 추

| 스피드옥션 메인 페이지

| 스피드옥션에서 조건을 걸어 검색하는 법

천합니다. 소정의 비용이 발생하지만 그만한 값어치 이상으로 자료가 잘 정리되어 있어 시간을 절약해줍니다.

위 이미지는 유료 경매 사이트 '스피드옥션'의 메인 페이지입니다. 해당 사이트에 들어갔다면 좌측 상단에 있는 '경매검색'을 클릭해보세요. 여러분이 낙찰받기를 원하는 지역, 가격대, 물건 종류 등을 조건으로 걸어서 검색할 수 있습니다. 제가 기본적으로 설정하는 부분은 빨간색으로 표시한 '소재지·물건 종별·감정가·유찰

수'입니다.

예를 들어, 인천 소재지에 있는 감정가 1억 원 이하, 유찰 1회 이상의 빌라와 오피스텔을 확인하고 싶다면, '인천·다세대(빌라)·(생각한)감정가·유찰수'를 기입해 검색하면 됩니다. 여러분이 관심 있는 지역을 설정하고, 자본 여건에 따라 물건 종류를 선택하세요. 검색을 한 뒤 괜찮아 보이는 물건을 클릭하면 다음과 같은 창이 뜹니다(제가 직접 찾은 예시입니다).

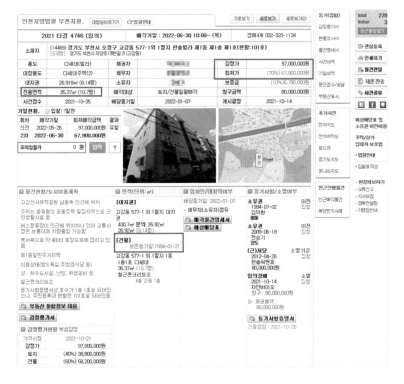

| 검색으로 찾은 경매 물건 예시

해당 물건은 경기도 부천에 있는 다세대주택 '한솔빌라'입니다. 위에서부터 순서대로 빨간색으로 표시한 부분을 살펴봐주세요. 권리 분석은 뒤에서 설명하겠지만 문제가 없었고, 가격대도 1억 원 이하로 비교적 저렴해서 소액으로 입찰할 수 있는 물건입니다.

전용면적이 35.37㎡(10.7평)로 작은 방 3개, 화장실 1개 구조로 되어 있습니다. 이미지를 클릭하면 도면도를 확인할 수 있습니다. 최초 감정가 100%(9,700만 원)로 2022년 5월 26일에 경매가 진행됐지만, 아무도 입찰하지 않아 유찰되었습니다. 참고로 5월 26일에 입찰하려면 9,000만 원 이상을 써야 하는데, 아무도 입찰하지 않은

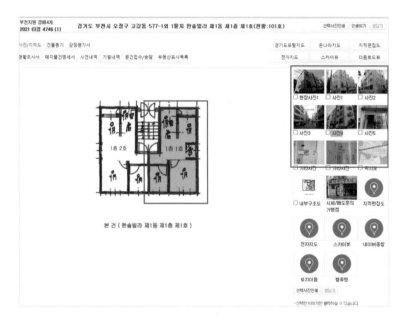

| 한솔빌라 내외부 사진 도면도

것을 보면 최저가 9,000만 원이 시세 대비 아직 메리트가 없었을 확률이 높습니다. 물론, 사람들이 눈치를 보다가 흘러간 물건일 수도 있습니다.

다음 입찰기일은 6월 30일에 최저가가 30% 낮아진 가격(6,300만 원)으로 진행되었습니다. 이때 입찰을 하려면 최저가의 10% 이상의 보증금(630만 원 이상의 수표 제출)을 가지고 6,300만 원 이상의 입찰가로 입찰하면 됩니다. 6,300만 원 미만으로 쓰면 무효 처리됩니다.

그 외에 추가로 확인할 사항은 건물 외관과 구조, 점유자의 임차 조건 외에 보존등기일(건축 연도)입니다. 우측 상단에는 등기부등본, 건축물대장, 감정평가서 등 해당 부동산과 관련된 서류를 모두 열람할 수 있습니다. 한솔빌라는 1994년 1월 21일에 착공된 건물로 연식이 오래됐습니다. 하지만 저는 이런 물건을 경매로 낙찰받아 깨끗이 수리하고 좋은 가격에 임차해주는 것도 나쁘지 않다고 생각합니다.

연식이 오래됐기 때문에 부동산의 가격 거품이 사라지고, 온전히 그 땅이 가진 가치를 볼 수 있기 때문입니다. 더욱이 이 물건의 소재지인 경기도 부천은 서울과 인천 중간에 있는 지역으로 각종 인프라, 일자리, 교통 호재를 품고 있어 임차 수요도 상당히 풍부한 편입니다.

경매 관련 소식을 전하는 무료 사이트

유료 사이트인 스피드옥션을 이용하기 전에 무료 사이트도 참고삼아 활용해보고 싶다면 다음의 사이트에 접속할 수 있습니다. '무료'이기 때문에 정보는 제한적으로 제공됩니다.

1. 법원경매정보(http://www.courtauction.go.kr): 전면 무료

2. 네이버부동산 경매(https://land.naver.com/auction): 월 3건 무료

3. 행꿈사옥션http://www.hksauction.com): 부분 무료

(2) 권리 분석, 물건 분석

경매에 입찰하는 투자자는 등기부등본을 보고 이 물건을 낙찰받았을 때, 매물과 함께 인수되는 권리가 있는지 확인해야 합니다. 즉, 낙찰자가 현재 매물에 살고 있는 점유자에게 물어줘야 할 돈이 있는지 또는 소멸되지 않고 인수되는 권리가 있다면 무엇인지를 따져봐야 합니다. 이를 '권리 분석'이라고 합니다.

실제로 부동산 경매에는 책 한 권으로도 설명하기 부족한 수십 가지의 특수한 권리들이 있습니다. 예를 들어 유치권, 분묘기지권, 법정지상권 등이 있습니다. 다행인 것은 이러한 특수 권리가 있으면 법원에서 '매각물건명세서'라는 공식 법원 서류에 공시해준다는 것입니다.

처음 경매를 시작하는 분들이라면 이러한 특수 권리가 얽혀 있는 특수물건은 건너뛰시고, 경매를 통해 받았을 때 문제가 없는 '안전한 물건'에 집중하세요. 그러면서 점차 난이도가 높은 물건에 도전하시면 됩니다. 특수물건을 해야만 수익이 나는 것도 아니며, 안전한 물건으로도 충분히 큰돈을 벌 수 있습니다. 전체 경매 물건의 70~80%는 권리 분석상 문제가 없는 물건이며, 저 또한 안전한 물건 위주로 입찰을 준비합니다.

사실 특수 권리보다 우리가 더 세심히 봐야 할 것은, 임차인의 '대항력' 여부입니다. 대항력이란 임차인이 살고 있던 집이 경매로 넘어갔을 때, 법원에서 받지 못한 돈을 경매로 낙찰받은 자에게 요구할 수 있는 권리라고 보시면 됩니다.

경매 투자자 입장에서 말하자면, 현재 경매 물건에 살고 있는 임차인에게 대항력이 있다면, 돈을 물어줘야 할 수도 있다는 뜻입니다. 이 경우 임차인이 법원에서 안전하게 돈을 다 보상받는지, 받지 못한다면 얼마나 받지 못하는지를 잘 따져보고 입찰해야 합니다. 배당이 전부 이루어진다면 안전한 물건이니, 시세 조사만 잘하셔서 입찰하시면 됩니다.

대항력 여부를 판단하는 방법을 간략히 말씀드리겠습니다. 경매로 넘어온 부동산을 보면 등기부상에 소멸기준이 되는 다섯 개의 권리가 있습니다. 근저당, 가압류, 담보가등기, 전세권, 경매기입등기가 그것입니다. 이 중에 적어도 한 개의 권리가 있기에 경매로 넘어오게 된 것입니다. 법원에서는 이 권리 중 날짜가 가장 빠른 권리 한 개만 남기고, 나머지는 모두 말소시켜줍니다. 등기부를 깨끗하게 정리해주는 것이죠. 그렇기에 후 순위에 있는 채권자(돈을 받을 사람)는 돈을 받지 못해도 어쩔 수 없게 됩니다.

그렇기에 만약 여러분이 집을 담보로 돈거래를 할 때는, 더 이른 날짜에 담보 설정된 권리가 있는지 등기부등본을 꼼꼼하게 살펴봐야 합니다. 경매로 넘어갔을 때 빠른 권리를 제외하고는 돈을 못 받아도 권리가 말소돼버리니까요.

임차인의 대항력은 전입 날짜와 다섯 개의 권리 중 가장 빠른 권리의 날짜와 비교해서 결정됩니다. 전입 날짜가 빠르면 대항력이 있는 임차인, 늦으면 대항력이 없는 임차인으로 분류됩니다. 전입 날짜와 소멸기준 날짜가 같다면 대항력은 없습니다. 전입은 다음 날부터 효력이 발생하기 때문이죠. 경매 낙찰자는 대항력 있는 임차인이 법원에서 배당(돈)을 다 받지 못하면, 나머지를 물어줘야 하기에 리스크가 있는 것입니다.

더욱이 임차인의 배당금액은 당해세, 경매실행비용, 세금에 따라 변동될 수 있습니다. 당해세란 국가기관에서 징수한 세금을 내지 않아 들어오는 체납 및 압류를 의미합니다. 통상 당해세라고 부르지만, 등기부등본에는 '압류-○○세무서'와 같은 형식으로 기재되어 있습니다. 배당될 줄 알았던 임차인의 보증금보다 당해세, 경매실행비용, 세금이 먼저 배당을 받아가 상대적으로 임차인의 배당금액이 줄어들면, 낙찰자에게 인수되는 금액이 커지게 됩니다. 문제는 당해세와 세금의 정확한 금액을 파악하기 어렵다는 것입니다.

전입 날짜가 대항력 여부와 관련이 있다면, 법원에서 돈을 받는 순서는 '확정일자'와 관련이 있습니다. 앞서 전입 날짜가 등기부등본에 나온 다섯 개의 권리 중 가장 빠른 권리보다도 날짜가 빠르면 대항력이 있는 것이라고 말씀드렸습니다. 이 상황에서 세입자가 확정일자를 받아놓지 않았다면 어떻게 될까요? 법원에서는 전혀 배당해주지 않습니다. 그럼 세입자는 누구한테 돈을 달라고 할까요? 바로 낙찰자입니다. 대항력이 있기 때문에, 그럴 권리가 있는 것입니다.

그러니 입찰하시기 전에 매각물건명세서에서 대항력 있는 임차

📰 임차인/대항력여부	📰 등기사항/소멸여부	
배당종기일: 2021-11-26	**소유권** 2017-03-22 박은숙 (거래가) 44,000,000원 매매	이전 집합
김일 있음 전입 : 2018-03-30 확정 : 없음 배당 : 없음 보증 : 39,000,000원 점유 : 현황조사 권리내역 전액매수인 인수예상	**소유권** 2018-07-06 구자영 (거래가) 44,000,000원 매매	이전 집합
🖱 **매각물건명세서** 🖱 **예상배당표**	**가압류** 2020-02-28 인천신용보증재단 9,387,938원	소멸기준 집합
－－본건 조사내용은 현장방문과 임차인의 진술, 전입세대열람내역 및 주민등록등본에 의한 조사사항임.	**강제경매** 2021-09-01 인천신용보증재단 청구 : 10,983,836원	소멸 집합

▎ 보증금 미상에 대항력이 있는 경우

인이 있다면, 확정일자를 받았는지 확인해야 합니다. 법원에 배당종기일(받을 돈이 있는 채권자들-임차인 포함-이 법원에 배당해달라고 신고하는 마감기일)이 지나서 배당신청을 하면 법원에서 배당을 한 푼도 해주지 않습니다.

위 예시를 보면 세입자 김일 님의 전입 날짜는 2018년 3월 30일로, 날짜가 가장 빠른 권리인 2020년 인천신용보증재단의 가압류보다 빠르니 대항력이 있습니다. 하지만, 확정일자도 없고 배당신청도 하지 않았습니다. 더불어 보증금도 알 수 없기 때문에, 보증금이 얼마인지 파악되기 전까지는 이런 물건은 입찰할 수 없습니다. 보증금 전액을 낙찰자가 인수(물어줘야)하는데 그 금액이 얼마인지 모르기 때문이죠.

부산지방법원에서 입찰을 진행했던 사례를 예로 들어보겠습니다. 위 이미지에서 빨간색으로 표시한 부분을 살펴보면, 신상민 님의 전입 날짜는 2018년 2월 2일입니다. 다섯 가지 권리(근저당, 가압류, 담보가등기, 전세권, 경매기입등기) 중 가장 빨리 설정된 것은 근저당으로, 2018년 9월 10일로 설정되어 있습니다. 전입 날짜가 더 빠르므로 신상민 님은 대항력이 있는 세입자이고, 그 보증금액은 1.9억 원입니다.

그렇다면 '1.9억 원 이상으로 입찰하면 안전한 물건이 되지 않을까?'라고 생각하실 수도 있지만, 그렇지 않습니다. 위에서 설명해드렸듯이 당해세(압류-2020년 4월 2일, 연제구 세무과)가 표시되어 있

| 대항력 있는 경매 물건의 예시

으나 그 금액이 명시되어 있지 않습니다. 1.9억 원에 입찰을 받았을 때 당해세가 얼마나 먼저 배당받아가는지, 임차인에게 미배당금이 얼마나 생길지 모른다는 얘기입니다. (전화로 문의해도 개인정보라 밝힐 수 없다고 말하는 곳이 대부분입니다). 아래쪽에도 2021년 5월 4일

에 '부산진구 세무2과 압류'라고 표기되어 있는데, 이는 관할지역 구청이 아니기에 당해세에 해당되지는 않습니다.

참고로 법원은 임차인이 전입신고, 확정일자, 배당신청(배당기일 전에) 세 가지를 모두 해야 배당을 해줍니다. 한 개라도 빠지면 배당을 전혀 해주지 않습니다. 임차인 입장에서는 보증금을 지키기 위해선 등기부를 살펴보며 말소기준이 되는 권리가 없는지 확인한 후 최대한 빨리 전입신고를 해서 대항력을 유지해야 합니다.

정리하자면, 입찰자는 세입자의 전입 날짜와 말소기준(소멸기준) 날짜만 비교해보면 위험한 물건인지 아닌지를 판별할 수 있습니다.

🔵TIP 당해세를 예측할 수는 없을까?

당해세가 있는 경매 물건이 때로는 기회가 될 수 있습니다. 남들이 당해세가 있기에 포기하는 물건을 한 번 더 조사해보는 것이죠. 어떻게 하면 될까요?

당해세는 개인정보이기에 정확한 금액은 알려주진 않지만, 간혹 "1000만 원 이상인지만 알려주세요"라는 식으로 문의하면 "예" 혹은 "아니오" 식으로 답해주는 경우도 간혹 있습니다. 이 방법을 활용해서 당해세가 얼마일 때 우리가 대항력 있는 임차인에게 물어줄 돈이 생기는지 역으로 계산해보는 것입니다.

예를 들어, 2억 원에 입찰하려고 하는 빌라에 대항력 있는 임차인(0번째 배당순위자)의 보증금이 1.8억 원이라고 해보겠습니다. 경매실행 비용으로 약 300만 원이 들고, 당해세가 잡혀 있습니다. 이 경우 당해세가 얼마 이상일 때 세입자 보증금에 미배당금액이 생길까요?

정답은 1700만 원(낙찰가 2억 원―전세 보증금 1.8억 원―경매실행 비용 300만 원)입니다. 그럼 당해세가 이 1700만 원이 넘지 않는다면 입찰할 수 있겠죠? 이러한 기준을 생각하고 관할 공무원에게 전화해서 물어보는 것입니다. 알려주지 않는다면 어쩔 수 없지만, 혹 알려준다면 낮은 경쟁률로 저렴한 가격에 낙찰받을 확률이 높아질 겁니다.

이 외에도 경매와 관련된 권리 분석 내용은 특수물건을 포함해 책 두 권을 채우고도 남을 정도로 많습니다. 하지만 초보자분들이라면 '안전한 물건' 즉, 인수되는 권리가 없는 물건으로도 충분합니다.

자칫 권리 분석을 깊게 파헤치다 보면, 투자하려고 경매를 배우는 게 아니라 마치 학문(?)으로써 경매 공부를 하는 자신의 모습을 발견할 것입니다. 따라서 첫 낙찰까지는 이 책에서 소개된 내용을 토대로 접근하시고, 첫 낙찰로 자신감이 붙으면 그때부터 좀 더 난이도 있는 물건에 도전해보시기 바랍니다.

최근에는 금액을 알 수 없는 당해세 때문에 경매로 넘어간 집이 낙찰이 되지 않아 해당 집에 살고 있는 임차인들이 피해를 받고 있는 경우가 많습니다. (하루빨리 낙찰되어야 세입자들이 법원에서 자기 보증금을 찾아갈 텐데, 금액을 알 수 없는 당해세가 있으니 입찰을 할 수가 없고, 낙찰이 되지 않으니 세입자들은 전전긍긍하며 이사도 못가고 세월만 보내는 것이지요.)

이처럼 문제가 늘어나고 있다 보니, 최근 들어서는 당해세보다 세입자의 보증금을 먼저 배당받아가도록 법이 바뀔 예정이라고 합니다. 이렇게 되면 경매 투자자 입장에서도 대항력 있는 임차인이 살고 있다 한들, 당해세는 전혀 신경 쓸 필요가 없게 됩니다. (세입자만 배당이 다 완료되면, 나머지 권리들은 모두 법원에서 소멸시켜주니까요.)

※ *입찰을 시작하기 전 시세 조사를 완벽히 끝내야 합니다. PART 6의 <손품과 발품으로 시세를 파악하라>를 꼼꼼히 살펴봐주시기 바랍니다.

경매 수익을 사전에 정확하게 계산할 수 있을까?

 제가 입찰 전 항상 확인하는 '대출가능금액 계산표'와 '수익률 분석표'의 사용법을 알려드리고자 합니다. 왼쪽 QR코드를 통해 다운받으실 수 있습니다.

1. 대출가능금액 계산표

위 이미지에서 노란색으로 음영처리된 부분에 숫자를 입력하면 나머지

무주택자+비규제 지역 기준입니다. (*노란색 부분 기입)

대출가능액 계산표				취등록세&법무비	5.6%
물건번호	2019타경 8544			4,480,000	
감정가		90,000,000	감정가대비 낙찰률		
예상낙찰가		80,000,000	89%		
낙찰가	80%	64,000,000			
감정가	70%	63,000,000		매달 대출이자	금리(이자율%)
최종 대출가능액		63,000,000		183,750	3.5%
필요한 자본 액 (보증금 제외)		21,480,000			

| 대출가능금액 계산표

가 자동으로 계산됩니다. 가장 위에서부터 물건번호(사건번호)를 입력하고, 해당 사건번호의 감정가와 내가 입찰하려는 가격(예상 낙찰가)을 넣습니다. 그 뒤에 대출상담사에게 확인한 대출가능한 감정가와 낙찰가의 비율을 입력하면, 최종 대출가능금액이 계산됩니다.

예시를 보면 '2019 타경 8544' 사건의 대출가능금액이 계산되어 있습니다. 감정가 9,000만 원인 물건을 8,000만 원에 낙찰받았을 때, 통상 오피스텔은 감정가의 70%, 낙찰가의 80%이며 둘 중 작은 금액이 대출가능금액입니다. 그것이 6,300만 원이라고 계산된 것입니다. 감정가 대비 낙찰률은 감정가(9,000만 원) 대비 입찰가(예상 낙찰가)가 몇 %인지 비율로 나타낸 것입니다.

취득세는 오피스텔의 경우 일괄 4.6%, 빌라와 아파트의 경우 주택 보유 수와 가격에 따라 1~3%, 8%, 12%로 나뉘게 됩니다. 각종 공과금, 부동산 중개비 등을 포함한 법무비와 취득세를 합하면 취득세에 대략 1%정도가 더 추가된다고 보면 됩니다. 그렇기에 예시에서는 오피스텔 취득세 4.6%+부대비용 1%=5.6%로 계산한 것이 448만 원(입찰가 8,000만 원 x 5.6%)으로 나오게 됩니다.

세금까지 계산하고 나면 등기이전까지 필요한 최소한의 비용 즉, 가장 아래쪽에 초기 필요 자본금액이 계산됩니다. 총 2148만 원(입찰가 8,000만 원 - 대출가능액 6,300만 원 + 취득세&법무비 448만 원)입니다. 우측에 금리(이자율)를 입력하면 매달 내야 하는 대출이자도 계산되니, 향후 자본계획을 잡으실 때 큰 도움이 될 것이라 생각합니다.

2. 수익률분석표

앞서 대출가능금액 계산표에 숫자를 입력했다면, 수익률계산기에 낙찰가와 대출금액, 취득비용까지는 입력이 되어 있을 겁니다. 여기에 더 상세한 추가 비용 (인수보증금, 점유자 이사비, 수리비, 중개비)등을 넣고 나면, 총 자기자본, 투자금액, 실투자금이 계산됩니다. 아래 쪽에 임대를 주는 수입·지출·수익 부분까지 입력하면, 투자금 대비 수익률이 얼마인지 계산됩니다. 아래 예시에서는 보증금 500만 원에 월세 45만 원을 넣었더니 수익률이 18.6%로 나왔습니다.

부동산 경매 수익률 계산기						
사건번호 0000 타경 0000						*왼쪽 노란색 배경에 알맞은 값을 입력하세요 / 나머지 값은 자동 완성 됩니다
구분	상세내역	비율		금액		
낙찰	낙찰가			80,000,000		<- 낙찰가를 입력하세요
	은행대출	80%		63,000,000		<- 은행 대출 비율을 입력하세요
	대출을 제외한 잔금			17,000,000		
취득비용	취득세	4.6%		3,680,000		<- 취득세율을 입력하세요
	법무비용			500,000		<- 주택채권할인비용 및 송달료 등 법무비 합계를 입력하세요
	합계			21,180,000		<- 모든 취득 비용의 합(자동 계산)
초기투자비	기타비용	인수 보증금			0	<- 인수해야 할 보증금이 있으면 입력하세요
		명도비(이사비)			0	<- 명도에 들어간 비용을 입력하세요
		미납 관리비			0	<- 미납 관리비가 있으면 입력하세요
		수리비		500,000		<- 수리(도배, 장판 등) 및 기타 비용을 입력하세요
		중개비		500,000		<- 부동산 중개비 및 기타수수료의 합을 입력하세요
		합계		1,000,000		<- 모든 기타 비용의 합(자동 계산)
투자금	총자기자본			22,180,000		<- 총자기자본이란 보증금 회수 전 투입된 총 현금 입니다
	총투자금액			102,180,000		<- 총투자금액 = 낙찰가 + 총 비용
	실투자금		17,180,000	27,180,000		<- 총자기자본에 임대보증금(월세, 전세)을 회수한 실제 투자금액
구분	상세내역	개월/이자	월세	전세	매도	
수입	보증금		5,000,000	75,000,000		<- 월세보증금을 입력하세요
	임대수입(년=월세*12개월)	12	450,000			<- 1년 치 월세 합계를 입력하세요
			5,400,000			
	매도가격				120,000,000	<- 매도 가격을 입력하세요
	총수입		5,400,000	75,000,000	120,000,000	<- 월세, 전세, 매도 시 각각 자동계산
지출	대출이자(년)	3.5%	2,205,000			<- 대출 금리를 입력하세요
	관리 및 운영비					<- 운영비가 있으면 입력하세요
	총지출		2,205,000		0	
수익	순수익		3,195,000		17,820,000	
	수익률		18.6%		시세차익	

| 수익률분석표

(3) 현장 조사

경매와 일반매매의 가장 큰 차이점은 매도자가 가격을 정해서 내놓는 일반 매물과 다르게, 경매는 우리 스스로가 매물의 가격을 조사해서 예상되는 '적정가'에 입찰해야 한다는 것입니다. 항상 정답이 있는 문제에 익숙한 우리에게 가격을 직접 생각하고 제시해야 한다는 건 쉬운 일이 아닙니다. 입찰 경쟁자 모두 최대한 저렴하게 사고 싶어 하고, 낙찰도 꼭 받고 싶어 하니까요. 마치 정답이 없는 대학입시 논술시험을 준비하는 것과 비슷합니다.

다행인 것은 입찰자 대부분이 걱정하는 가격 범위는 시세 조사만 제대로 했다면, 수익이 더 나든 덜 나든 정도의 차이이지 절대 손해가 나는 가격을 고민하지는 않는다는 것입니다. 그러니 이런저런 생각만 품고 있지 말고, 우선 손품과 발품을 팔아 부지런히 시장부터 조사하시기 바랍니다.

시세 조사가 어느 정도 완료됐다면 다음은 임장, 즉 현장 조사를 나가야 합니다. 집에서 조사한 부동산 시세가 합당한지, 직접 방문하지 않고는 결코 확인할 수 없는 건물의 하자를 점검하고 점유자 및 이웃 주민에게 불편함 유무를 직접 물어 꼼꼼하게 살펴봐야 합니다. 시간이 난다면 경매지 인근을 돌아다니며 편의시설이나 유해시설 등을 확인하고, 공인중개사를 만나 시세와 개발 호재 등에 대해 깊이 있는 이야기를 나눕니다.

| 경매를 진행하는 입찰 법정

출처: 유노경매스쿨

(4) 경매 입찰

시세를 파악하고 물건의 상태를 세심히 살펴보는 현장 조사까지 마쳤다면, 이제 입찰을 해야 합니다. 입찰은 평일 오전 10시에서 오후 1시 사이에 진행되기 때문에, 직장인이라면 필히 휴가를 내고 참석해야 합니다. 입찰 서류의 제출 마감 시간은 법원마다 약간씩 다르지만, 보통 오전 11시~11:30분 사이이기에 이 시간 전에 준비한 서류를 제출하면 됩니다.

저도 직장인일 때 경매를 진행해봤기에 알고 있지만, 매번 휴가를 내고 입찰 법정에 가는 것은 쉬운 일이 아닙니다. 다행히 시간을 낼 수 없는 분들을 위해 경매 법정에서는 '대리인 제도'를 운영하고 있습니다. 본인이 참석할 수 없으면 추가 서류를 구비해서 대리인이 대신 나가 입찰할 수 있습니다. 대리인 제도를 활용하려면 다음의 서류가 필요합니다.

1. 입찰자의 인감도장이 날인된 위임장(인감증명서 도장과 일치해야 함)
2. 인감증명서(인터넷 발급은 불가하며 동사무소에서 발급받아야 함)
3. 인감도장이 날인된 기일입찰표
   * 대리인의 입찰표 작성법은 경직모 카페에서 '대리인 입찰'이라고 검색하면 찾아볼 수 있게 글을 올렸으니 참조하시기 바랍니다.

경매 법정에 들어가면 한쪽에 기일입찰표, 입찰봉투, 입찰보증금 봉투가 비치되어 있고, 작성 방법도 게시되어 있습니다. 그래도 서류를 작성하는 것이 이해되지 않거나 어렵다면 법정 안에 있는 직원에게 물어보면 친절히 안내해 줄 것입니다.

| 입찰 봉투

• **기일입찰표**: 제출 서류 중에서 '입찰 가격'을 써야 하기에 가장 중요한 서류입

니다. 입찰 가격이 1억 원인 물건에 숫자 '1'을 한 칸 왼쪽에 기입하면 10억 원이 됩니다! 이렇게 되면 당연히 고가로 낙찰되고 보증금을 돌려받을 수 없는 상황이 발생합니다. 종종 어르신들이 이런 실수를 하여 보증금이 몰수되곤 합니다(1억 원의 물건을 10억 원에 낙찰받고 잔금을 낼 분은 없으니까요).

- **입찰보증금 봉투**: 보통 최저가의 10%를 보증금으로 냅니다. 입찰보증금 봉투는 이 보증금액을 넣는 봉투입니다. 앞면에 사건번호와 입찰자명을 기입한 후 인감도장을 찍으시고, 뒷면에도 인감도장을 찍으시면 됩니다. 보증금액은 재매각 사건의 경우 20%나 30%로 증액되

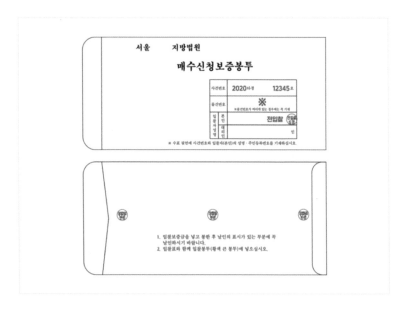

| 입찰보증금 봉투   출처: 탱크옥션

기도 하니 반드시 경매 사이트에서 확인하시기 바랍니다.

• 입찰 봉투: 기일입찰표, 입찰보증금 봉투를 입찰 봉투에 넣고 집행관에게 제출합니다. 대리인이 입찰할 경우에는 대리인이 위임장과 인감증명서를 추가로 지참하여 제출합니다.

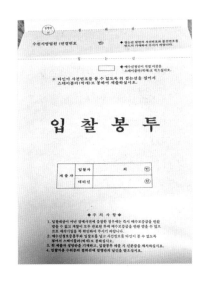

| 입찰 봉투

집행관에게 입찰 봉투와 신분증을 제시한 후 입찰 봉투는 입찰함에 넣고 집행관으로부터 수취증을 받습니다. 수취증은 향후 패찰됐을 경우, 봉투를 돌려받을 때 필요하니 잘 보관해야 합니다.

입찰 마감은 법원마다 상이하지만, 보통 11:20분 전후입니다. 마감되고 나면 약 15분간 제출된 입찰 봉투를 사건순서대로 정리하고, 개찰을 시작합니다.

당일 입찰 물건의 개수, 입찰 인원에 따라 다르지만 보통 개찰이 마감되는 것은 12시 반에서 13시 사이입니다. 입찰했다고 끝까지 자리를 지킬 필요는 없고, 본인 물건의 입찰이 끝났다면 집으로 돌아가도 무방합니다.

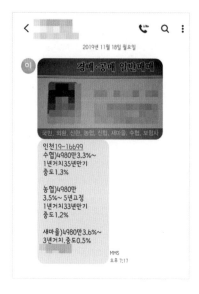

| 대출상담사에게 받는 문자의 예시

(5) 잔금 납부

경매 법정에서 원하는 물건을 입찰하고 낙찰받았다면, 법정을 나서는 순간 대출상담사들이 건네는 명함을 받게 될 것입니다. 받지 않았어도 괜찮습니다. 경직모 카페에 대출상담사의 연락처를 올려놓았으니 참고하셔도 좋습니다.

대출상담사에게 대출 조건을 문의하고 싶다면, 우선 문자로 사건번호, 소유 중 부동산 개수, 연 소득, 현재 보유 중인 대출액을 작성하여 보냅니다. 그럼 대출상담가가 가능한 대출액을 정리하여 알려줍니다. 대출상담사가 바빠서 문자 확인이 안 되는 경우가 있는데, 이때는 직접 전화를 걸어 문자로 보낸 내용을 확인해달라고 요청하면 친절하게 답변해줍니다. 그리고 다음과 같은 문자를 받을 것입니다.

1. 농협 4,980만: 농협은행에서 최대 4,980만 원까지 대출이 된다는 의미
2. 3.5%~5년 고정: 5년 고정의 이자율로 최소 3.5%까지(모든 우대금리 적용: 상품 가입, 신용카드 사용 등)

3. 1년 거치 33년 만기: 1년 동안은 원금 상환 없이 이자만 내고 이후에
   는 33년에 걸쳐서 원금과 같이 상환
4. 중도 1.2%(3년): 대출 의무기간 3년 이전에 갚으면 중도상환수수료를
   1.2% 부과

한 가지 팁을 드리자면, 본인의 총 대출액, 보유한 부동산, 연 소득이 달라질 때마다 휴대전화의 메모장에 기록해두는 습관을 들이면 좋습니다. 그렇게 저장해놓은 것을 복사해서 바로 대출상담사에게 문자로 전송하면 더 편리하게 쓸 수 있으니까요.

기본적으로 대출가능금액은 본인의 연 소득액, 보유 중인 대출액, 보유 중인 주택 수, 구매하려는 부동산의 지역, 해당 경매 물건의 권리상 하자 여부에 따라 달라집니다.

대출상담사들이 소개하는 대출상품은 모두 다르고, 생각하지 못했거나 안 될 줄 알았던 대출이 가능한 경우도 있으니, 최대한 많은 상담사에게 문의하시길 추천합니다.

대출상품이 정해지면 대출상담사가 준비해야 할 서류와 자서(은행지점에 방문해서 대출 서명하는 것)를 위해 언제 어디로 가면 좋을지 알려줍니다. 그럼 일정을 잡고 지점에 방문하면 됩니다. 자서만 미리 해두면 대출실행 날짜는 이후 원하는 날짜로 조율할 수 있습니다.

정해진 날짜에 법무사가 필요한 서류들을 모두 챙겨서 법원에 잔금 납부하는 것을 대행하기도 합니다. 당일 법무사에게 통장으로

보증금과 대출금액을 제외한 잔금 및 법무수수료만 입금하시면 됩니다. 그럼 직접 법원에 갈 일이 없습니다.

(6) 명도와 강제집행

대출을 알아보는 것과 동시에 빠르게 진행해야 하는 것이 바로 '명도'입니다. 명도는 낙찰받은 물건지에 사는 점유자를 내보내는 것을 일컫는 말입니다. 껄끄러울 수 있지만 이 단계까지 오셨다면, 조금 더 힘을 내시면 됩니다. 시세보다 저렴한 가격에 부동산을 매수했으니 보상이 기다리고 있습니다.

낙찰되었으면 공식적으로 해당 경매 사건의 이해관계자가 된 것이므로 바로 물건지에 방문해 점유자와 이사 일정에 관해 이야기를 나누는 것이 좋습니다. 혹시 이사 일정이 정해지지 않았더라도 대화하는 것만으로도 의미가 있습니다. 점유자의 태도를 보며 향후 명도의 난이도를 가늠할 수 있기 때문이죠.

그리고 점유자와의 첫 대면 시 좋은 인상과 원활한 대화를 위해 간단한 음료를 준비해가는 것도 좋습니다. 조금 더 부드러운 분위기를 조성하며 대화의 포문을 열 수 있으니까요. 대화를 통해 점유자의 상황에 공감해주고, 한발 물러설 수 있는 부분은 양보하다 보면, 협상할 수 있는 여지가 분명히 있습니다. 물론, 무리한 요구에는 당당하게 선을 그어야 합니다.

명도는 하루라도 빨리 완료될수록 좋습니다. 시세 조사를 제대로 하고 낙찰받았더라도 대출받아서 잔금을 내야 하는 상황이라면, 매달 발생하는 대출이자가 있을테니 말입니다. 대면했다면 연락처는 꼭 받아두세요. 방문했는데 점유자가 부재중이면 간단한 메모와 연락처를 남기고 오는 것이 좋습니다. 하루빨리 명도 협상이 되어야 마음도 편하고 대출이자의 스트레스에서 벗어날 수 있습니다.

Q1. 지피지기면 백전백승, 명도 협상은 어떻게 해야 할까?

우선 점유자의 상황별 명도 요령을 알아볼까요? 보증금 전부나 일부를 배당받는 소액 임차인일 경우 법원의 배당을 받기 위해서는 낙찰자의 인감증명서와 이사확인서가 있어야 가능합니다. 낙찰자에게 필요한 서류를 받아야 다음 단계를 진행할 수 있으니 이 경우 명도는 상당히 수월하게 이루어집니다.

반면, 전 소유주(채무자) 혹은 배당받는 것이 전혀 없는 임차인이 집을 점유하는 경우라면 내용증명(불법점유이득금)을 보내 명도를 진행하면 됩니다. (내용증명 양식 또한 저희 카페에 올려놓았습니다.) 내용증명을 요약하면, '당사자는 낙찰자와 계약관계가 없으므로 이사협의가 안 될 시 불법점유이득금을 청구할 수 있으며, 나아가 강제집행 대상이 될 수 있으니 속히 이사 날짜를 잡아달라'라는 내용입니다.

단, 위 내용증명은 이사 날짜를 잡도록 유도하기 위함이지 정말 표현 그대로 불법점유이득금을 청구하거나, 강제집행을 하기 위함은 아닙니다. 물론 협의가 안 되면 강제집행을 할 수밖에 없지만 말입니다. 한 가지 주의하실 점은 그러한 강제성에 관련된 내용은 서류로만 하시고, 문자나 전화로 대화할 때는 강압적인 분위기나 메시지가 느껴지지 않도록 해야 합니다. 감정이 상하면 점유자가 어떤 방식으로 대응할지 예측하기 어렵고, 정말 강제집행까지 갈 수도 있으니까요. 그러면 결국 서로에게 손해입니다.

많은 분들이 점유자에게 이사비를 얼마나 지급하면 적정하게 주는 건지 물어보시는데, 저는 개인적으로 강제집행 비용의 50%를 최대치로 잡습니다. 통상 강제집행 비용은 아파트 전용면적 기준으로 평당 10만 원 정도가 부과됩니다. (짐의 양에 따라 차이가 날 수도 있습니다.) 그렇기에 저는 평당 5만 원 정도를 최대치 이사비로 줄수 있다고 정해두었습니다. 예를 들어, 20평 아파트의 최대 지급가능 이사비는 100만 원(20평×5만 원)이 되는 것입니다.

단, 점유자와 이사비 협상을 할 때 처음부터 이 최대 금액을 얘기하지 않게 주의하시기 바랍니다. 당연히 그 금액 이상으로 협상하고자 할 테니, 첫 이사비는 최대 지급가능 이사비보다 30% 정도 낮은 가격으로 제안하는 편이 좋습니다.

Q2. 그래도 협상이 안 된다면?

강제집행은 국가기관인 법원이 의무를 이행하지 않는 사람에게 그 의무를 강제하도록 하는 절차를 의미합니다. 지레 겁이 날 수 있지만, 전혀 그럴 필요가 없습니다. 왜냐하면 낙찰자는 법원에서 공식적으로 진행하는 경매를 통해 소유권을 받은 사람이기 때문입니다. 그렇기에 법원에서도 원활하게 소유권을 이전받을 수 있도록 강제집행 제도를 통해 도와주는 것입니다.

즉, 명도 협상이 안 되더라도 크게 걱정할 필요가 없습니다. 최후에 법원에서 강제집행을 이행할 것이니, 점유자가 버틴다고 해서 끝까지 버틸 수 없습니다.

또한, 강제집행 직전에 하는 계고(강제집행 예정이므로 속히 낙찰자와 협의하여 점유권을 넘기라는 법원의 통지로, 강제개문으로 집 내부에 부착하기도 하고, 개문 없이 현관문 밖에 붙이기도 합니다. 법원마다 상이하며, 강제집행 전의 최후통첩이라고 보시면 됩니다)까지 진행이되면 그동안 버티던 점유자도 순순히 협상 테이블에 나오는 것이 대부분입니다. 즉, 정말 강제집행을 하기 위해서라기 보다 반 강제적으로 점유자가 협상하도록 유도하는 도구로 쓰이는 것이지요.

Q3. 강제집행 신청은 어떻게 할까?

강제집행 신청을 위해서는 '인도명령결정문'과 '송달증명원' 그리고 신분증과 도장이 있으면 됩니다. 인도명령은 낙찰자가 소유권을 행사할 수 있게 법원에서 점유자에게 이사할 것을 명령하는 것입니다. 점유자가 인도결정문을 받은 후에 낙찰자는 송달증명원을 발급받습니다. 준비물을 챙겼다면 담당 집행관 사무실에 가서 강제집행신청서류를 작성하고 제출하면 됩니다. 직접 방문이 어려울 시 우편으로 신청이 가능합니다.

특히 송달증명원을 발급받기 위해서는 점유자가 인도명령결정문을 반드시 수령해야 하는데, 의도적으로 수취 거부를 하면서 시간을 끄는 경우가 있습니다. 이럴 때를 대비해서 법원에 '야간 송달', '휴일 송달'을 추가로 신청할 수 있습니다. 이 방법으로도 송달이 되지 않을 때는 법원에서 자체적으로 '송달 간주'를 할 수 있습니다. 그러니 계속 기다리지 마시고, 경매계에 송달이 계속 안 되고 있으니, 언제 송달 간주를 해줄 수 있는지 문의하시면 됩니다.

| 강제집행 절차

• 현황조사

강제집행이 신청되면 수일 내에 집행관이 현황조사를 합니다. 누락된 서류는 없는지 확인한 후, 이상이 없다면 강제집행을 승인합니다.

• 집행비용 예납

현황조사까지 완료되면 집행관 사무원이 집행비용 접수증을 발급해줍니다. 이 접수증을 가지고 법원 내의 은행으로 가서 예납하고 영수증을 받으면 됩니다.

- 강제집행 계고

실제 강제집행을 하기 전에 강제집행을 하겠다는 예고를 진행합니다. 이를 강제집행 계고라고 합니다. 법원의 집행관 두 명과 낙찰자 그리고 증인 두 명을 대동해 함께 부동산에 방문해 열쇠 수리공을 불러 강제로 문을 엽니다. 집행관이 내부의 짐을 살펴보고 강제집행 비용을 대략 가늠합니다. 대부분 여기까지만 진행되어도 점유자는 포기하고 순순히 협상하는 것이 대부분입니다. 그렇지 않은 경우 이제 본 강제집행으로 넘어가게 됩니다.

- 강제집행 실시

계고까지 했음에도 명도 협상이 이루어지지 않으면, 강제집행을 이행하면 됩니다. 강제집행 날짜가 잡히면 계고 때와 비슷하게 집행관 두 명, 증인 두 명과 낙찰자가 집 앞에서 만납니다. 열쇠 수리공이 문을 열어주면 집행관이 대동한 인력꾼들이 내부에 있는 짐을 3시간 안에 모두 컨테이너에 실어버립니다. 이 컨테이너는 물류보관센터에 보관되며, 먼저 낙찰자가 3개월 치 보관료를 예납해야 합니다.

일정 기간 내에 짐을 찾아가지 않을 시에는 해당 동산들을 경매로 처분하게 됩니다. 경매로 처분된 동산은 강제집행에 선납한 비용으로 일부 상환받을 수 있지만, 대부분 사용 가치가 떨어지는 것들이기에 입찰하는 사람이 없습니다. 이럴 경우 낙찰자가 폐기물업체를 불러, 일정 비용을 내고 동산을 처분하여야 합니다. 점유자가 법원에서 배당받을 것이 있다면 청구할 수 있지만, 현실적으로는 쉽지 않습니다.

다시 한번 강조하지만, 강제집행을 두려워할 필요는 없습니다. 전체를 100으로 본다면 1~2번 일어날까 말까 한 일입니다. 나머지 99는 무난하게 이사 비용을 받고 나갑니다. 1의 상황이 두려워 아무것도 시도하지 않고 있을 이유가 없습니다.

(7) 계약 후 인테리어까지

점유자의 명도까지 완료되었으면, 이제 집을 팔거나 세입자를 받기 위한 준비를 해야 합니다. 집주인 입장에서는 집을 빌려주든 팔든 높은 가격을 받고 싶은 게 당연합니다. 그러려면 다른 집과 다르게 내 집만의 강점이 있어야 합니다. 로얄층이나 로얄뷰, 혹은 펜트하우스처럼 물건 자체가 품고 있는 희소성으로 가격을 높일 수 있으면 좋지만, 대부분의 매물은 그렇지 않습니다.

유일하게 집주인의 노력으로 가격을 올릴 수 있는 방법이 있으니, 바로 인테리어입니다. 인테리어를 통해 다른 매물과의 차별점을 부여할 수 있습니다. 정말 다행인 것은 인테리어 비용이 1,000만 원이 들었다면, 매매가 또는 전세와 월세를 1,000만 원 이상의 가치로 환산해서 받을 수 있다는 것입니다. 인테리어를 투자로 생각하시면 됩니다. 인테리어 업자를 찾는 법, 인테리어 시공을 의뢰하는 법, 인테리어 후 매물을 홍보하는 법 등을 PART 6에 별도로 정리해두었으니, 참고하시기 바랍니다.

'안전한' 경매 물건으로 부자가 될 수 있다

경매 초보자 중에는 경매를 할 때 흔히 착각하는 것이 있습니다. 어려운 물건, 즉 특수물건을 해야 돈을 번다고 생각하는 경우가 많습니다. 절대 그렇지 않습니다. 물론 소위 말하는 한 번에 수억 원의 차익을 노리려면, 누구나 쉽게 들어오기 어려운 금액대의 물건을 목표로 삼거나 특수물건을 보는 게 맞지만, 큰 성공만이 성공은 아닙니다. 작은 성공이 여러 번 이루어졌을 때, 오히려 한 번의 대박보다 더 좋은 성과가 만들어집니다.

게다가 초보자가 특수물건에 들어가서 낙찰이 되었다고 한들, 복잡하게 얽힌 권리 관계와 법적 사항에 대한 조율이 불가하다면, 입찰보증금 10%를 포기하기 십상입니다. 그간의 심적 스트레스는

덤이고요.

저는 자신 있게 말할 수 있습니다. 안전한 물건, 경매로 받은 뒤에 추가로 물어줄 돈이 없는 물건으로 경매하는 것으로도 이미 여러분은 보통 사람과 다른 길을 걷고 있는 것입니다. 전체인구의 5% 이내에 들어간 것이며, 돈을 벌 기회를 더 많이 마주하고 있다고 말씀드릴 수 있습니다. 실제로 제가 낙찰받은 물건도 모두 안전한 물건이었고, 저의 수강생들도 모두 안전한 물건으로 수익을 만들어 인생을 바꿔가고 있습니다.

다만 '안전한 물건'이기에 경쟁은 더 있을 것입니다. 한 번 패찰했다고 포기하지 말고, 오히려 입찰 횟수를 최대로 늘려서 낙찰까지의 기간을 최대한 당기세요. "낙찰까지 얼마나 걸려요?"는 잘못된 질문입니다. 누군가는 한 달에 한 번 입찰할 것이고 누군가는 한 달에 열 번 입찰할 텐데, 똑같이 한 달의 시간이 주어진다고 했을 때 누가 낙찰될 확률이 높을까요? 당연히 같은 기간에 입찰을 여러 번 하신 분이 낙찰될 확률이 높겠지요.

간혹, 안전한 물건으로 정말 높은 가격에 낙찰되는 경우가 있습니다. '겨우 이 정도 벌려고 경매를 한 건가'라고 생각하실 게 아닙니다. 그 누군가는 용기를 내서 시간을 투자하고, 자기 돈으로 보증금을 걸어 입찰한 것이겠죠. 인터넷으로 검색을 해서 결과만 확인하는 사람들과는 차원이 다른 '실행'을 한 것입니다. 그분은 이제 남들보다 조금 앞서 달리게 되었습니다. 저는 여러분도 이 책을 읽은 후 생각을 바꾸고 실행해서, 그 행운의 주인공이 되었으면 좋겠습니다.

경매로 성공한 실전 사례

1. 4,000만 원 투자금을 8,000만 원으로 만들어준 경매

경기도 남양주 화도읍에 위치한 빌라 4층, 저의 부동산 경매 정

| 의정부지방법원, | 대법원바로가기 | 법원안내 | | 가로보기 | 세로보기 | 세로보기(2) |

| 2021 타경 80533 (임의) | | 매각기일 : 2022-05-17 10:30~ (화) | | 경매10계 031-828-0359 |

| 소재지 | 경기도 남양주시 화도읍 마석우리 468-5 리치타운 제102동 제4층 제401호 |
| | [도로명] 경기도 남양주시 화도읍 비룡로116번길 22-2 제102동 제4층 제401호 [마석우리 468-5리치타운] |

용도	다세대(빌라)	채권자	한○○○○○	감정가	180,000,000원
대지권	33.89㎡ (10.25평)	채무자	오○○	최저가	(70%) 126,000,000원
전용면적	58.78㎡ (17.78평)	소유자	오○○	보증금	(10%)12,600,000원
사건접수	2021-07-05	매각대상	토지/건물일괄매각	청구금액	119,133,943원
입찰방법	기일입찰	배당종기일	2021-09-27	개시결정	2021-07-06

기일현황

회차	매각기일	최저매각금액	결과
신건	2022-04-12	180,000,000원	유찰
2차	2022-05-17	126,000,000원	매각
이○○/입찰26명/낙찰174,555,556원(97%)
2022-05-24	매각결정기일	허가

물건현황/토지이용계획	면적(단위:㎡)	임차인/대항력여부	등기사항/소멸여부
'화도초등학교'서측 인근에 위치	[대지권]	배당종기일: 2021-09-27	소유권 2017-09-06 김○○○○ 보존 / 이전 집합
인근은 다세대주택 및 아파트, 근린생활시설 등이 혼재	마석우리 468-5 대지권 280㎡ 분의 33.89㎡ 33.89㎡ (10.25평)	- 매각물건명세서상 조사된 임차내역이 없습니다	
인근 버스정류장까지의 거리 및 노선수 등으로 보아 교통상황 대체로 보통임 됨	[건물]	매각물건명세서 예상배당표	소유권 2018-10-15 오○○ / 이전 집합

| 수강생의 낙찰 사례 1

규 강의를 들은 수강생이 낙찰받은 물건입니다. 30대 후반인 해당 수강생은 시험을 준비하는 남편을 대신해 육아와 경제활동을 병행하고 있었습니다. 정신적으로나 육체적으로 힘든 상황이었지만, 강의할 때마다 가장 앞에 앉아 열심히 집중하며 듣는 분이었습니다. 부동산 경매로 경제적 자유를 이루고 싶다는 목표를 가지고, 물건 조사와 분석에 많은 시간을 할애하며 몰두했고, 반복적인 입찰 시도 끝에 다음과 같은 좋은 물건을 성공적으로 낙찰받았습니다.

(1) 물건과 입지 분석

① 엘리베이터가 설치되어 있지 않은 빌라에 대한 선호도는 매우 떨어지는데, 해당 빌라는 5층임에도 엘리베이터가 갖춰져 있습니다.

② 이 건물은 해당 지역에서 매물로 찾아보기 어려운 준신축급 빌라로, 임차 선호도가 풍부합니다.

③ 네이버부동산을 통해 확인한 결과 해당 지역에 전세 매물이 거의 없었습니다.

④ 2030년에 완공 예정인 GTX-B 노선을 이용할 수 있는 마석역이 버스로 10분 거리에 자리 잡고 있습니다. GTX-B노선은 서울의 중심업무지구를 동서로 연결할 예정이며, 경기도 남양주 마석역과 인천 연수구 송도역(인천대입구역)이 연결됩니다.

(2) 권리 분석

전입되어 있는 임차인이 없기 때문에, 별도의 인수사항이 없는 매물로 안전한 물건입니다.

(3) 시세 분석

① 매매가가 1.9억 원 전후로, 전세가는 1.8억 원 전후로 형성되어 있습니다.

② 낙찰가는 1.45억 원으로 시세보다 저렴하게 받는 것을 목표로 하고, 낙찰됐을 경우 세전 매도차익은 3,500만 원에 이릅니다.

③ GTX 개통이라는 교통 호재로 인해 시세 상승을 기대할 만하며, 개통될 때까지 보유할 예정입니다.

이 수강생은 이처럼 꼼꼼한 분석으로 시세보다 낮은 가격으로 낙찰받은 후, 1.8억 원에 세입자를 찾아 전세 계약을 했습니다. 집이 생겼는데 오히려 투자금 3,500만 원을 벌었습니다.

2. 1개를 낙찰받았는데 2개가 딸려왔다? (feat. 시세 대비 1억 원 싸게)

장성한 20대 딸을 둔 50대 수강생은 딸과 함께 실거주하면서,

2021 타경 4552 (임의)		매각기일 : 2022-05-23 14:00~ (월)		경매8계 031-737-1333	
소재지	(12774) 경기도 광주시 오포읍 문형리 491-2외 1필지 에다옴 102동 제4층 제402호 [도로명] 경기도 광주시 오포읍 보동치길 10, 제4층 제402호 [문형리 491-2외 1필지]				
용도	다세대(빌라)	채권자	국○○○	감정가	254,000,000원
대지권	64.93㎡ (19.64평)	채무자	최○○	최저가	(70%) 177,800,000원
전용면적	56.38㎡ (17.05평)	소유자	최○○	보증금	(10%)17,780,000원
사건접수	2021-08-11	매각대상	토지/건물일괄매각	청구금액	165,717,164원
입찰방법	기일입찰	배당종기일	2021-10-18	개시결정	2021-08-12

기일현황,

회차	매각기일	최저매각금액	결과
신건	2022-04-18	254,000,000원	유찰
2차	2022-05-23	177,800,000원	매각

임○○/입찰9명/낙찰241,890,000원(95%)
2등 입찰가 : 211,999,999원

2022-05-30	매각결정기일	허가

🏠 물건현황/토지이용계획	📐 면적(단위:㎡)	👤 임차인/대항력여부	📋 등기사항/소멸여부	
'문형교차로 남서측에 위치	**[대지권]**	배당종기일: 2021-10-18	소유권	이전 집합
주변은 다세대주택, 오산천, 창고 및 소규 모광장, 근린생활시설 등이 혼재	문형리 491-2 외 1필지 대지 권	- 채무자(소유자)점유	2017-09-12 박○○ 보존	
동측으로 지방도321번, 남측과 북측으로 지방도57번 및 국도43번이 각각 위치하며	517㎡ 분의 64.93㎡ 64.93㎡ (19.64평)	📄 매각물건명세서 📄 예상배당표	소유권 2017-11-24 최○○	이전 집합

수강생의 낙찰 사례 2

동시에 투자를 하고 싶어 했습니다. 마침 경기도 광주시에 오래 거주하며 지역 부동산 정보를 빠삭하게 꿰고 있던 분이었기에, 저는 해당 지역의 복층 빌라를 유심히 살펴보라고 권했습니다.

특히 그중에서 아래층과 위층의 출입문이 별도로 있는 복층을 노린다면, 위층에 전입하여 규제지역 담보대출도 받을 수 있고, 아래층은 세를 주며 월세나 전세 수익을 얻을 수 있다고 말씀드렸습니다. 그야말로 '일석삼조'인 셈이죠. 손품과 발품으로 부동산을 찾던 수강생은 결국 이 조건에 딱 맞는 물건을 찾고, 낙찰을 받았습니다.

(1) 물건 검색

해당 수강생은 투자금 5,000만 원을 마련했고, 3억 원 이하의 다세대주택을 집중적으로 찾았습니다.

(2) 권리 분석

채무자(소유자)가 점유자인 관계로, 인수받을 사항이 없는 물건이었습니다.

(3) 물건과 입지 분석

물건의 입지는 각종 일자리와 편의시설이 갖춰진 경기도 분당 서현과 용인 수지구의 죽전이 직선거리로 10킬로미터 이내에 인접해 있어, 접근성이 상당히 양호한 편입니다. 실제로 분당은 단기간에 부동산 가격이 가파르게 상승한 반면, 경기도 광주는 경매 물건과 같이 여전히 준신축급이면서도 매매가 2억 원 이하의 부동산이 많습니다. (분당과 2~3배 이상 가격 차이가 납니다.) 회사가 분당 인근이면서 분당에서 집을 구하기에 자금이 넉넉하지 않은 사람들의 임차 수요가 굉장히 많습니다.

게다가 경기도 광주 거주민들은 대부분 자차로 움직이기에 주변에 편의시설은 없어도, 웬만해서는 공실이 나지 않는 편입니다. 풍부한 임차 수요 덕분에 전세와 월세 광고를 내놓으면 대부분 한 달 안에 계약이 되는 지역이기도 합니다(2022년 5월 기준).

다음은 이 물건을 낙찰받기 전 수강생이 분석한 특징입니다.

① 주변에 편의시설은 약한 편이나, 대부분 자차로 움직이기에 큰 영향을 주지 않을 것으로 판단됩니다.

② 용인 수지와 분당으로의 접근성이 상당히 우수합니다.

③ 빌라에 엘리베이터가 있어 선호도가 높을 것으로 예상됩니다.

④ 주변에 전세와 월세 매물이 상당히 부족한 상황입니다.

⑤ 복층 구조이며 각 층마다 출입문이 따로 나 있는 독특한 구조를 갖고 있습니다. 즉, 집은 한 채이나 출입문이 두 개이기 때문에 내부 복층 계단을 막으면 독립된 집으로 세를 줄 수도 있습니다. 현재는 법이 바뀌어 이런 형태의 복층은 건축허가를 내주지 않기에 희소성이 높은 물건으로 판단됩니다.

| 402호 주 출입문

| 호수가 적혀 있지 않은 복층 출입문

(4) 시세 조사와 현장답사

해당 경매 물건의 매매가는 3.4억 원, 전세가는 3.2억 원 전후로 시세가 형성되어 있습니다. 임장을 통해 건물을 자세히 살펴보고, 주민들과 공인중개사에게 의견을 구하기도 했습니다. 사는 데 크게 불편함은 없고, 복층 구조는 귀한 편이라 매물이 나오면 바로 계약된다는 의견을 들었습니다.

결국 2.41억 원으로 낙찰에 성공했고, 세전 매도차익은 약 1억 원입니다. 전세만 주어도 세금 없이 투자금이 8,000만 원 증가하는 상황입니다.

(5) 입찰

아랫집만 전세를 놨을 때 받을 수 있는 전세가 2.41억 원에 입찰했고, 낙찰에 성공했습니다.

(6) 명도

책을 쓰는 현시점에 빈집인 걸 인지했지만 혹시나 모를 리스크(짐을 두고 나간 상태이기에 추후 점유를 주장하면 불법침입죄가 성립될 수 있습니다)를 피하고자 여유 있게 강제집행을 신청한 상태입니다. 집행관과 대동해 문을 따고 집 내부에 들어가 공실인 상태를 확인하면, 집행관의 허락하에 합법적으로 점유권을 넘겨받게 됩니다. 시간은 걸려도 좋은 가격에 낙찰받았기에 명도를 여유롭게 진행하기로 했습니다

3. 5,000만 원 저렴하게 낙찰받은 아파트

수원에 소재한 소형 아파트를 낙찰받은 30대 수강생은 투자 자금으로 1.5억 원 정도를 보유하고 있었고, 무주택자였습니다. 수원 영통 인근에서 근무하고 또 미혼이었기에, 직장과 멀지 않으면 어디든 실거주할 여력이 있었습니다.

그렇다면 굳이 다주택자도 대출이 가능하기에 경쟁이 심한 비규제지역을 찾을 게 아니라, 다주택자는 대출이 불가한 규제지역인

수원에서, 5억 원대의 20~30평대 아파트를, 그중 권리 분석에 문제가 없는 물건을 입찰하라고 조언했었습니다. 가격은 급매가 대비 15% 정도 저렴하게 받는 것을 목표로 하되, 입찰 횟수를 최대한 늘려 입찰하라고 권했습니다. 결국 아래와 같이 좋은 가격에 수원에 있는 아파트를 낙찰받았습니다.

| 수강생의 낙찰 사례 3

(1) 물건 검색

실거주 조건으로 물건을 찾고 있었기에 대출도 낙찰가의 70% 정도는 받을 수 있다고 사전에 대출상담사를 통해 조사가 완료되었습니다. 투자금 1.5억 원과 70% 대출이 나온다는 전제 아래, 감정가 가격 범위를 4~5억 원대로 설정하여 물건을 살펴보았습니다. 그 가격 범위에 맞춰 찾던 중 경기도 수원시 장안구에 있는 청솔한라아파트에서 적합한 경매 물건을 발견했습니다. 전용면적 59.985㎡(18.15평)에 감정가 5억 원으로 나온 집이었고, 앞서 1회 유찰되어 최저가 3.5억 원으로 내려간 상황이었습니다.

(2) 권리 분석

스피드옥션 사이트를 통해 처음에는 전입된 임차인이 없다고 확인됐지만, 현황조사서를 살펴보니 채무자(소유자)가 전입세대열람표에 전입되어 있다고 재확인되었습니다. 채무자가 점유한 상태로 권리 분석상 전혀 문제가 없는 물건이었습니다.

(3) 시세 조사와 현장답사

해당 아파트의 시세를 보면, 당시 1층이 매물로 5.1억 원까지 나와 있었습니다. 경매 물건은 3층이니 1층보다는 2,000만 원가량 높은 가격대가 형성되었다고 볼 수 있습니다.

실거래도 9층 기준으로 5.37억 원까지 찍혀 있어(고층은 5.6억 전후) 해당 물건은 최소 5.1억에서 5.2억 원까지는 하겠다고 판단되었

법원	수원지방법원	명령회차	1 ✔ 회

기본정보

- 사건번호 : 2021타경6227 부동산강제경매
- 조사일시 : 2021년 06월 23일 08시 46분

부동산 임대차 정보

번호	소재지	임대차관계
1	경기도 수원시 장안구 만석로20번길 28, 631동 3층301호 (정자동,청솔마을한라아파트)	0명

전경도 3건   (사진보기 ▤)

부동산의 현황 및 점유관계 조사서

1. 부동산의 점유관계

소재지	1. 경기도 수원시 장안구 만석로20번길 28, 631동 3층301호 (정자동,청솔마을한라아파트)
점유관계	미상
기타	현장을 방문하였으나 폐문부재로 소유자나 점유자를 만나지 못하였는바, 출입문에 안내문을 부착하여 두었음. 한편, 전입세대열람내역서 및 주민등록표등본에 의하면 채무자겸소유자의 세대가 전입되어 있음

2. 부동산의 현황

해당 부동산은 '한라(비발디)아파트'로 현황은 외관상 공부의 내용과 일치하는 것으로 보임.

| 청솔한라아파트 현황조사서

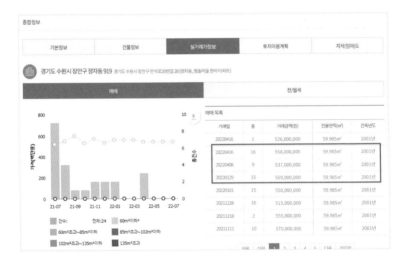

| 청솔한라아파트 실거래가 현황

습니다. 그 외에 동별로 시세 차이는 없는 것으로 파악됐고, 주변에 대단지 아파트들이 모여 있어 인프라도 상당히 양호한 수준이었습니다. 단지 내 어린이집이 있고, 바로 앞에 초등학교, 병원, 롯데마트, 산책로(서호천)가 자리 잡고 있어, 공실도 없고 거주 만족도도 상당히 높다고 조사됐습니다.

직접 현장으로 가서 공인중개사를 만나 문의하니 인테리어가 되지 않은 저층 집이 5.2억 원 전후라면, 공실인 집으로 매매가 가능할 것이라고 조사되었습니다. 채무자는 부재중인 관계로 아랫집과 윗집에 거주하는 이웃을 찾아 특별한 문제가 있는지를 물었고, 오히려 살기 편해서 오래 살고 싶다는 말을 들을 수 있었습니다.

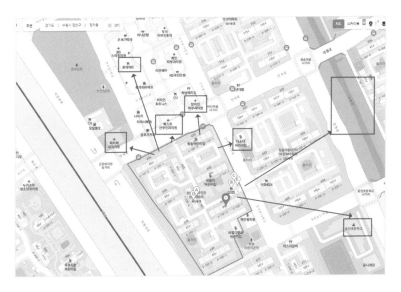

| 청솔한라아파트 주변 인프라

(4) 입찰

해당 아파트는 이 수강생에게 두 번째 입찰이었습니다. 보증금 3,500만 원과 신분증, 인감도장을 들고 입찰을 진행했습니다. 누구나 선호하는 수도권 아파트이고 권리 분석상 문제가 없으며, 유찰도 되었기에 현금을 보유한 사람이라면 누구나 쉽게 들어올 것이라 예상되었습니다.

이럴 때, 저는 보통 시세에서 10% 정도 저렴하게 받는 것을 목표로 하라고 말씀드립니다. 즉, 5.2억 원짜리이니 4.6~4.7억 원 전후로 입찰하라고 알려드렸고, 수강생은 물건을 꼭 낙찰받고 싶다며 473,700,000원에 입찰했고, 470,000,000원을 쓴 2등과 '370만 원' 차이로 낙찰받았습니다.

(5) 명도

낙찰받은 후 물건지에 가서 점유자를 만날 수 있었습니다. 정해진 이사 날짜가 있는지, 집에 하자가 있는지를 물었습니다. 이사는 한 달만 시간을 주면 좋겠다는 답을 받았고, 실제로 얼굴을 본 일주일 뒤 이사 날짜가 정해졌다고 연락을 받았습니다. 이사비 30만 원 정도로 명도 협의가 마무리되었습니다.

운이 좋아서 수월하게 명도가 마무리되었다고 생각하실 수 있는데, 60%는 이렇게 간단히 명도가 끝나며 나머지 30%는 약간의 눈치싸움 및 의견대립 끝에 마무리되고, 10%만 강제집행 직전 또는 실제 집행까지 가게 됩니다. 대부분 어려움 없이 명도가 정리되니, 입찰을 시도하기도 전에 미리 걱정할 필요는 없습니다.

(6) 인테리어

아파트 내부는 채무자가 이사를 오고 난 후 한 번도 인테리어를 하지 않은 상태였습니다. 처음 보기에는 마치 귀신이 나올 것처럼 보였지만, 사실 물이 새는 것이 아니었기에 인테리어 비용은 생각보다 크게 들지 않았습니다.

해당 물건을 낙찰받은 수강생은 2,000만 원가량을 들여 샷시를 제외하고 집을 수리했습니다. 싱크대와 조명, 마루와 신발장을 교체했고, 새로 도배를 하고 화장실을 수리했습니다. 베란다 타일과 도어락, 인터폰 교체 등도 진행할 예정입니다.

실거주용 집은 세입자를 받는 것이 아니기에 들어오는 돈은 없습니다. 하지만, 내가 살고 있는 집 또한 내가 가진 자산입니다. 이 자산을 5,000만 원 이상 싸게 샀다면 어떤 느낌이 들까요? 이런 투자를 '실거주'가 아닌 '투자'로 여러 채를 사면 짧은 기간에 부자가될 수 있습니다.

PART 4

지금이 기회다. 무조건 오를 아파트와 오피스텔을 찾는 법

대출이 필요 없는
지방 아파트에 주목하라

경매는 부동산을 싸게 살 수 있다는 굉장한 장점이 있지만, 두 가지 단점이 있습니다. 첫 번째는 전세 레버리지를 활용하기가 어렵다는 것입니다. 공인중개사를 통한 매매는 전세입자가 살고 있는 부동산을 끼고 매매 거래를 할 수 있지만, 경매에서는 불가합니다. 부동산 경매는 공인중개사를 끼고 하는 거래와는 다르게, 법원에 직접 잔금을 납부해야 합니다. 전 소유주(채무자)와 계약을 한 임차인은 법원에서 배당받는 순간 계약이 해지됩니다.

물론, 기존 임차인과 재계약을 하고 법원에 잔금을 내기 전에 세입자의 전세보증금을 미리 받을 수 있다면 그 돈으로 법원에 잔금을 내면 되긴 합니다. 그러나 대부분의 세입자는 전세 대출을 받아야 하는 상황이기에 쉽지 않습니다. 낙찰자는 잔금을 내기 전에는 소유권자가 아닙니다. 그렇기에 전세대출을 해줄 때 금융사에서 등기부를 확인해볼 텐데, 낙찰자의 이름은 어디에서도 찾을 수 없습니다. 고로 전세대출이 불가한 것입니다(소유권자가 아니기 때문에).

두 번째 단점은 입찰을 꾸준히 한다 한들, 언제 낙찰된다고 확실히 보장할 수 없다는 점입니다. 즉, 부동산 가격이 급등하는 장에서는 시장으로 진입하는 타이밍을 놓칠 수 있습니다. 이 두 가지 단점을 보완할 수 있는 것이 지금부터 말씀드릴 '소액 아파트 갭투자'입니다. 갭투자는 매매가와 전세가의 차이(gap)를 이용한 투자로, 전세로 내놓은 집을 매입하는 투자 방식입니다. 매물만 있으면 바로 나와 있는 가격에 계약할 수 있고, 전세 레버리지도 사용할 수 있습니다.

단, 갭투자는 현재 시세에 맞춰 매수하는 것이기에 앞으로 가격이 하락할 것으로 예측되는 지역과 물건은 피해야 합니다. 아파트 실거래는 워낙 정확하게 데이터로 정리되어 있고 지역별로 공급량, 거래량, 거래액이 공개되어 있기 때문에 누구나 관련 데이터를 읽고 분석할 줄 알면 가격이 상승하거나 하락할 지역을 짚어낼 수 있습니다.

그런데 지금처럼 수많은 정보가 온라인상에 공개돼 누구나 찾아볼 수 있는 상황에 익숙하지 않은 어르신 투자자 중에는, 출산율이 저조해 앞으로 인구수가 줄어들 것이라고 우려하는 분들이 계십니다. "지방 아파트 투자는 하는 게 아니다!"라고 주장하는 것이죠. 언뜻 일리가 있어 보이는 말이지만, 사실 이 문장에는 여러 잘못된 전제가 깔려 있습니다.

첫째, 인구수가 줄어들고 있는 것은 부인할 수 없는 사실이지만, 각각의 부동산을 구성하는 건 '인구'가 아닌 '세대'입니다. 둘째, 무턱대고 "지방 아파트에는 투자하는 게 아니다"는 틀린 말입니다. 물론 가격이 떨어지는 지역도 있지만 데이터를 볼 줄 알고 앞으로의 공급량을 주시하며 확인하면, 세계 대공황이 다시 오지 않는 한 떨어질지 오를지는 예측할 수 있습니다. 반대로 얘기하면, 이유 없이 떨어지는 곳은 없다는 것입니다. 그 '이유'를 재빠르게 분석하고 미리 집을 '매도'하거나 '매수'하면 됩니다.

조심해야 할 점은 무조건 갭이 적거나, 플피(매매가<전세가)라고 투자하면 안 된다는 것입니다. 갭이 적으면서도 앞으로 가격이 오를 여지가 있는 부동산을 매수해야지, 갭이 적다고 오르지 않거나 가격이 떨어질 것으로 예상되는 부동산을 매수한다면 오히려 큰돈을 잃을 수도 있습니다. 그렇기에 이후에 설명드릴 '투자 원칙'을 고려해 투자할지에 대한 의사결정을 내려야 합니다.

KB부동산 시계열,
흐름파악을 제대로 하는 법

지방 아파트에 투자하기 위해 가장 먼저 해야 하는 일이 있습니다. 전국구로 가격(매매가, 전세가)이 어떻게 움직이고 있는지 주기적으로 살펴보는 것입니다. 부동산 가격은 갑작스럽게 하락하는 것이 아니라 천천히 움직이면서 가속도가 붙는데, 데이터를 꾸준히 살펴보면 전체 흐름을 어렵지 않게 파악할 수 있습니다. KB부동산(kbland.kr)에서 그를 확인할 수 있습니다. 사이트에 들어가 '메뉴 ⇒ KB통계 ⇒ 주간통계'를 순차적으로 클릭한 후 〈날짜_주간시계열.xlsx〉을 다운로드하세요.

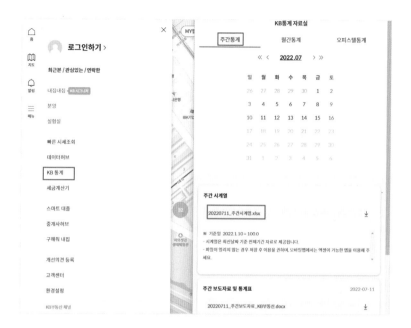

| KB부동산 시계열 확인하는 법

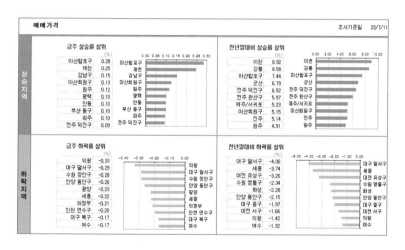

| KB부동산 매매가격 상승 및 하락 지역

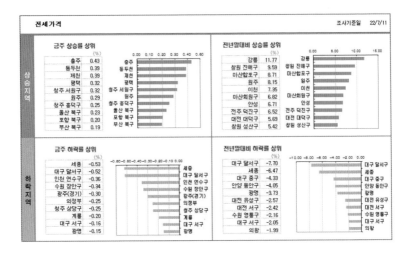

| KB부동산 전세가격 상승 및 하락 지역

주간시계열 시트 중 '요약' 파트를 열면 다음과 같이, 매매가의 상승률과 하락률에서 각각 상위에 오른 10개 지역을 볼 수 있습니다. 처음 보면 눈에 들어오지 않겠지만, 매주 내려받아 두 달 정도만 살펴보면 반복되는 지역이 자연히 눈에 들어오게 됩니다. 예를 들면, 마산 합포구와 마산 회원구는 꽤 오랜 기간 매매가 상승 상위에 기록되어 있습니다. 하나둘 확인하다 예전에는 보이지 않던 지역이 눈에 들어온다면, 바로 그때 그 지역에서 아직 '덜' 오른 아파트 단지를 찾으면 됩니다.

매매증감 시트를 보면 전국의 전주 대비 상승률과 하락률을 숫자와 색깔로 구분해주고 있습니다. 흰색일수록 변동이 없는 것이

구분 Classification	전북 Jeollabuk-do	전주 Jeonju	완산구 Wansan-gu	덕진구 Deokjin-gu	익산 Iksan-si	군산 Gunsan
2022-01-24	0.16	0.21	0.20	0.23	0.16	0.05
2022-02-07	0.17	0.23	0.31	0.12	0.15	0.06
2022-02-14	0.24	0.27	0.24	0.31	0.08	0.30
2022-02-21	0.28	0.34	0.36	0.32	0.00	0.38
2022-02-28	0.13	0.14	0.19	0.07	0.00	0.23
2022-03-07	0.22	0.18	0.23	0.12	0.24	0.29
2022-03-14	0.24	0.26	0.28	0.24	0.18	0.23
2022-03-21	0.32	0.26	0.32	0.18	0.38	0.41
2022-03-28	0.21	0.32	0.28	0.38	0.05	0.06
2022-04-04	0.26	0.19	0.07	0.35	0.25	0.44
2022-04-11	0.32	0.32	0.38	0.25	0.28	0.36
2022-04-18	0.32	0.35	0.27	0.46	0.17	0.39
2022-04-25	0.23	0.24	0.14	0.37	0.09	0.35
2022-05-02	0.28	0.36	0.31	0.41	0.00	0.36
2022-05-09	0.24	0.23	0.29	0.14	0.32	0.19
2022-05-16	0.23	0.31	0.31	0.31	0.15	0.11
2022-05-23	0.30	0.22	0.18	0.28	0.29	0.49
2022-05-30	0.20	0.19	0.10	0.31	0.11	0.31
2022-06-06	0.13	0.13	0.14	0.12	0.00	0.25
2022-06-13	0.22	0.17	0.17	0.18	0.19	0.36
2022-06-20	0.16	0.19	0.16	0.22	0.06	0.19
2022-06-27	0.16	0.25	0.19	0.32	0.00	0.08
2022-07-04	0.02	0.04	0.07	0.00	0.00	0.00
2022-07-11	0.03	0.08	0.07	0.09	0.00	-0.05

| KB부동산 매매증감 시트(전북지역)

고, 빨간색이 진해질수록 급격히 상승하고 있으며, 하늘색으로 진할수록 급격히 가격이 떨어지는 것을 의미합니다.

수도권 지역을 보면 대부분 흰색으로 표시되어 있고, 일부 호재가 있는 용산구 같은 곳만 주황색으로 나타나 있습니다. 그 요인은 현시점에서 세금 중과 및 대출 규제로 거래가 원활히 이루어지지 않아, 급매로 나온 매물만 소진되기 때문입니다.

이에 반해, 전북의 매매증감 시트를 보면 매매가가 꽤 오르고 있는 사실을 파악할 수 있습니다. '풍선효과'로 인해 전북 내 규제가 없는 군산 같은 지역으로 상당히 많은 투자자가 몰렸음을 유추할 수 있습니다. 매매가와 전세가의 차이도 얼마 나지 않아 갭투자하기에도 용이하고, 일부 비규제지역에서는 대출도 가능하기에 소액 투자 목적으로 거래가 많이 이루어졌을 겁니다. 그리고 그에 따라 가격상승이 일어난 것으로 보입니다. 그 외에도 다른 지역과 비교한 20년치 시세를 놓고 봤을 때, 상당히 저평가되어 있었다는 점도 확인할 수 있습니다.

전혀 다른 지역일지라도 상호 비교를 통해 어느 지역이 저평가되어 있고, 어느 지역이 고평가되어 있는지를 알 수 있습니다. 당연히 투자자라면 저평가된 지역에 투자하는 것이 맞고, 그게 대표적으로 군산이 오른 이유로 볼 수 있을 것입니다.

다음 그래프는 2006년부터 2022년까지의 다른 지역에 있는 아파트의 시세 변화를 나타내는 그래프입니다.

진주(검은색): 경상남도 진주시 신안주공2차(24평형)

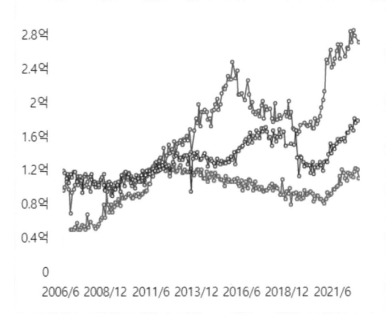

| 비슷한 규모의 아파트 시세 변화

군산(빨간색): 전라북도 군산시 미룡주공3차(23평형)

포항(파란색): 경상북도 포항시 남구 지곡동 효자그린아파트(23평형)

그래프에서 선정한 아파트는 비슷한 규모의 지역/세대수/연식/
평형대를 가지고 있습니다. 과거부터 현재까지의 가격 동향을 살펴
보면 군산(빨간색)이 타 지역에 비해 확연히 저평가되어 있다는 게
보이실 겁니다. 물론, 이렇게 그래프만 보고 군산 아파트가 '저평가
되었다'라고 단정하긴 이릅니다. 아파트의 가격을 구성하는 것은

수요와 공급 외에 다양한 외부 요인이 있으니 말입니다. 하지만 다른 조건이 모두 동일하다면 군산 소재의 아파트가 진주(검은색)와 포항(파란색)에 위치한 아파트보다는 확실히 덜 오른 것은 맞습니다. KB부동산 시계열 시트를 매주 챙겨 보지 않더라도 이런 의문을 가지고 답하는 습관을 지니면 좋습니다.

'요즘은 어느 지역의 아파트 가격이 움직이고 있을까?'

'(떨어지고 있다면) 왜 떨어지고 있는 걸까?'

'(오르고 있다면) 왜 오르고 있는 걸까?'

부동산 가격이 바뀌는 원인에 대해 자연스레 궁금해하며 찾아보는 자신을 발견하게 될 것입니다. 그것이 바로 부동산 머리를 만드는 공부의 첫 단계입니다. 내가 알고 싶어야 필요한 정보를 더 찾게 되고, 체화하는 속도도 빨라집니다. 우선은 그 시작점을 'KB부동산 시계열 시트 보기'로 정하고 실행하시면 좋습니다.

실패 없는 지방 아파트 6단계 투자 프로세스

(1) 문제는 인구가 아니라 '세대'다

　지방 아파트 투자를 고려할 때, 가장 우선순위는 바로 인구수와 세대수입니다. 편의시설과 교통망을 두루두루 갖춘 수도권과 달리 지방은 인구와 세대수가 줄어들기 시작하면, 해당 지역의 인프라와 기업이 급속도로 줄어들고 부동산 가격도 같이 하락할 수 있기 때문입니다.

　다만, 인구수보다는 세대수의 증감에 초점을 맞추고 살피시길 바랍니다. 과거에는 4~5인 가구가 1세대를 이뤘다면 현재는 1인 가구, 2인 가구의 비율이 상당히 늘어나면서, 오히려 부동산에 대

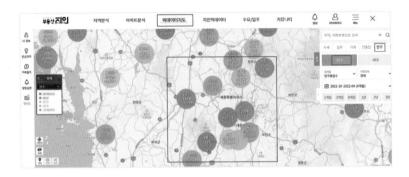

| 부동산지인을 통해 확인하는 전국 인구수

한 수요가 늘어나고 있습니다. 부동산 1개를 필요로 하는 것은 '세대' 단위이지 '인구' 단위가 아니니 말입니다.

인구수와 세대수는 '부동산지인(aptgin.com)'이라는 플랫폼에서 확인이 가능합니다. 메뉴에서 '빅데이터 지도'를 클릭한 후 우측 작은 창의 '인구' 버튼을 누르면 다음 이미지처럼 지도상에 지역별 인구수가 나타납니다.

아울러 지방 아파트를 첫 투자처로 생각한다면, 되도록 20만 명 이상 되는 지역 위주로 살펴보시길 추천합니다. 20만 명 이상이 되어야 도시 자체 내의 실수요자가 받쳐주기 때문에 일시적인 투자 수요의 움직임에 따라 가격이 크게 요동치는 것을 막아줄 수 있습니다.

(2) 공급량과 미분양을 계산하라

이제는 공급량과 미분양에 대해 알아볼 시간입니다. 아파트 가격도 어쨌든 시장에 의해 결정되기 때문에 수요와 공급 법칙에 따릅니다. 공급이 일정한데 수요가 늘어나면 가격은 올라가게 되어 있고(집을 사려는 사람끼리 가격경쟁), 수요가 일정한 채로 공급이 많아진다면 가격은 떨어지겠죠(집주인끼리 가격경쟁).

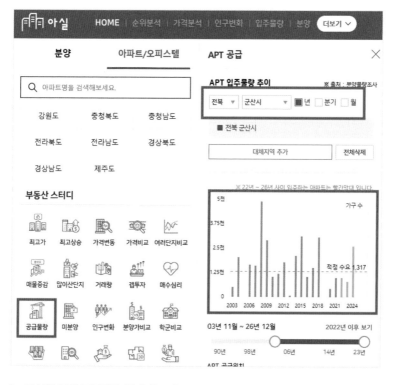

| 아실을 통해 공급량을 확인하는 법

다행인 것은 향후 4년 동안의 공급량은 미리 공시가 된다는 점입니다. 물론 단순히 공급량만 봐서는 의미가 없습니다. 예를 들어, 2023년 경기도 광주시의 공급량이 2만 세대로 예상되어 있다고 한들, 그 지역의 상황을 자세히 알지 모르면 이 공급량이 많은 건지 적은 건지 알 방법이 없습니다.

그럴 때 함께 살펴보는 것이 바로 미분양입니다. 2022~2024년까지 공급량이 1만 세대인 지역이 있는데, 미분양이 3,000세대가

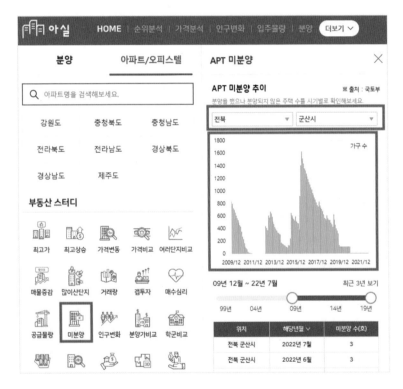

│ 아실을 통해 미분양 물량을 확인하는 법

났다고 가정해보겠습니다. 약간의 오차는 있겠지만, 이 지역이 3년 간 소화할 수 있는 공급량은 대략 7,000세대(공급 1만 세대 - 미분양 3000세대)입니다. 어렵지 않죠? 실제 예시로 살펴보겠습니다.

다음은 '아실(아파트실거래가, asil.kr)'에 접속하여 군산 지역 아파트 공급량과 미분양 물량을 확인한 것입니다. 참고로 미분양을 확인하려면 '아실 ⇒ 부동산 스터디 ⇒ APT 미분양 ⇒ 지역 선택'을, 공급량을 확인하려면 '아실 ⇒ 부동산 스터디 ⇒ APT 공급 ⇒ 지역 선택' 순으로 들어가면 됩니다.

군산 미분양 사례를 보면, 2003~2006년도에 걸쳐서 미분양이 약 3,500세대가 났습니다. 공급량을 보면 2002~2006년에 걸쳐서 약 13,000세대가 공급된 것을 알 수 있습니다. 그럼 공급량에서 미

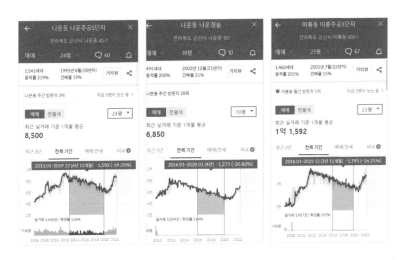

군산 아파트 가격 하락 사례 1, 2, 3

분양을 제하면 해당 지역에서 3년 동안 소화 가능한 세대수가 나옵니다. 그러니 앞으로도 3년 동안의 공급량이 10,000세대가 넘으면 미분양이 생길 우려가 있겠지요.

위 이미지는 세대수 500세대 이상 군산 아파트들의 분양이 있었던 2013~2019년 가격 동향입니다. 확실히 미분양이 소진되지 않으니, 전체적으로 군산 아파트의 가격이 침체되고 있었음을 알 수 있습니다.

향후 3년간의 공급량은 미리 나오기 때문에 공급량과 현재의 가격 동향, 저평가 여부, 미분양 현황을 통해 투자 여부를 결정하시면 됩니다.

(3) 매매가와 전세가 추이를 파악하라

해당 지역에 투자를 결정할 때 앞서 살펴보았듯이 공급량과 미분양 물량을 확인하고, 그 후 최종적으로 검토해야 하는 것이 바로 '매매가와 전세가가 어떻게 움직이고 있는가'입니다. 아실에서 매매가와 전세가를 쉽게 확인할 수 있습니다. '아실 ⇒ 부동산 스터디 ⇒ 가격변동'으로 순차적으로 클릭해서 들어가시면 지역별로 가격이 어떻게 변동되어왔는지 기간별로 확인할 수 있습니다.

매매가와 전세가를 분석하면 매수 타이밍을 잡을 수 있습니다. 여러 지역을 확인해보면 한 번 반등하거나 떨어지기 시작했을 때

그 경향이 2년 이상 지속된다는 것을 알아채실 수 있을 겁니다. 즉, 해당 지역이 오르기 시작한 지 6개월 정도밖에 안 됐다면 앞으로 최소 1년 6개월은 상승세로 나타난다는 뜻입니다.

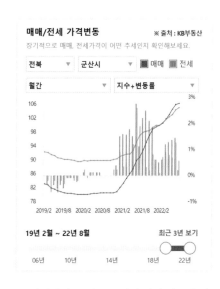

| 아실에서 본 전북 군산의 가격 변동 추이

또한 오르다가 하락기가 오는 시점의 공급량을 보면 80% 이상은 미분양이 생기고 있는 시기입니다. 공급량과 미분양 분석을 통해 2년 후에 미분양이 어느 정도 발생할지 계산해본다면, 가격도 대략적으로 예상이 가능하리라 생각합니다. (물론 정부 규제, 세계 대공황 같은 외부 요인에서 예상치 못한 하락기가 오기도 하지만, 그것은 전체 사이클에서 극히 일부분이므로 논외로 하겠습니다.)

정리하면 먼저 지역의 가격 움직임부터 확인한 후 해당 지역의 아파트 분석으로 좁혀 들어가세요. 지역(숲)을 보면 아파트(나무)의 움직임도 눈에 더 잘 들어옵니다.

(4) 앞으로 오를 곳을 찾아라

이제 저평가 여부를 판단할 차례입니다. 개인적으로 6단계 중 가장 중요한 부분이니 최소 두 번은 읽은 후 자기 것으로 체화하시길 바랍니다. 앞의 단계가 떨어지지 않는 지역을 찾는 데 방점을 찍었다면, 지역 간 저평가 여부는 '앞으로 오를' 지역을 찾는다고 보시면 됩니다.

먼저 투자하고자 하는 지역을 선정한 후 비교할 만한 지역을 찾습니다. 비슷한 규모(인구수)의 지역을 대조하는 것이 중요합니다. 지역별 인구 현황은 부동산지인에서 확인할 수 있습니다.

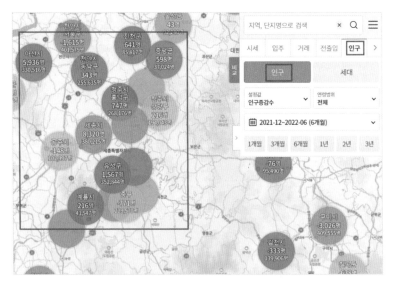

Ⅰ 부동산지인을 통해 확인하는 지역별 인구 분포

비슷한 규모의 지역을 선정했다면, 지역 집값을 선도하는 소위 '대장급 아파트'를 찾으세요. 대장 아파트의 움직임에 따라 2급지, 3급지의 아파트도 시간 차이를 두고 움직이는 경향이 큽니다. 그러니 투자하려는 지역에서 연식, 평수, 세대수가 비슷한 아파트들도 찾아서 대장 아파트와 묶어서 지켜보면 좋습니다. 대장 아파트는 호갱노노(hogangnono.com) 사이트를 통해 찾아볼 수 있습니다. (지역 내 급지는 시간이 지남에 따라 바뀔 수 있고, 호갱노노에서 '분위지도'상 보라색과 빨간색 점이 많이 표시되어 있을수록 상급지라고 보시면 됩니다.)

다음 그래프는 인구수 10~15만 정도 되는 규모의 당진(푸르지오 2차), 김천(힐스테이트 율곡), 밀양(e편한세상 밀양삼문)의 대장급 아파트 33~34평형을 하나의 그래프에 넣어 시세의 동향을 비교한 것입니다. 초기에는 세 개의 단지 모두 가격대가 비슷하게 형성되었으나 상승장을 만나면서 김천

┃ 아실을 활용해서 지방 아파트의 가격을 비교한 예시

(파란색), 밀양(검은색)의 그래프는 치고 올라갔지만, 당진(빨간색)은 그렇지 못한 것을 볼 수 있습니다.

그 원인으로 향후 2년간 당진에 주택 공급량이 많아질 예정임을 들 수 있습니다. 이것이 점차 소화되기 시작하면 저평가되었다는 판단하에 투자자들이 매수를 시작할 겁니다. 그렇게 되면 현재의 김천과 밀양의 아파트 시세만큼 상승할 것이라 예상합니다.

다른 지역의 여러 아파트도 위 그래프처럼 설정한 후 반복적으로 대조해보시기 바랍니다. 많이 시도해볼수록 저평가된 아파트들이 보이기 시작할 겁니다.

(5) 개발 호재에 대한 정보를 수집하라

많은 분들이 투자를 할 때 기왕이면 개발 호재가 있는 곳을 찾으려 하지만, 정작 이러한 정보가 어디에 어떻게 나와 있는지는 모르는 경우가 대부분입니다. 저는 아래 네 가지 플랫폼과 사이트를 통해 늘 개발 계획과 관련된 정보를 얻고 이용합니다. 다만, 유념하실 점이 하나 있습니다.

호재가 있다면 그만큼의 투자 수요가 붙게 되고, 자연스레 가격은 높아질 수밖에 없습니다. 이미 높은 가격이지만 앞으로도 더 비싸질 여력이 있다면 당연히 투자하시면 됩니다. "개발된다!"라고 얘기만 나오다 실제로 공사가 시작되면 가격이 더 오를 겁니다. '돈을 묻어둔다는 투자 개념'으로 개발 호재가 있는 곳을 알아내 미리 투자하는 것은 나쁘지 않습니다.

• 네이버부동산(land.naver.com)

도로망(철도, 지하철, 도로)과 개발범위에 특화된 플랫폼입니다. 매물도 같이 볼 수 있어 매력적입니다. 개발범위로 묶인 택지개발지구를 클릭하면, 개발내용에 관한 상세 정보를 확인할 수 있습니다.

┃ 네이버부동산으로 보는 개발 호재 정보

- **호갱노노(hogangnono.com)**

철도 교통망과 일자리 호재에 특화된 곳입니다. 철도망 범위를 보여주는 데이터가 시각적으로 잘 나타나 있고, 유저들이 시시각각 업데이트된 소식을 올릴 수 있는 커뮤니티도 마련되어 있습니다. 개인적으로 지하철 호재를 찾을 때는 호갱노노를 자주 이용하는 편입니다.

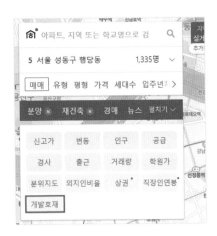

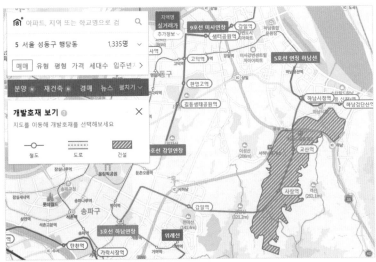

| 호갱노노로 보는 개발 호재 정보

- 리치고(m.richgo.ai)

자산관리 앱으로 지도와 함께 모든 개발 호재(재개발, 재건축, 리모델링, 철도, 교통망) 현황을 한눈에 파악할 수 있는 서비스를 제공합니다. 개인적으로 저는 경매 물건 살펴볼 때, 좌측 모니터에 리치고를 띄우고, 우측에는 경매 물건이 표시된 지도를 띄워둡니다. 그리고 호재가 있는 위치에 경매 물건이 있는지 찬찬히 대조하며 분석합니다.

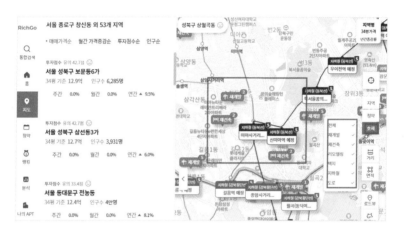

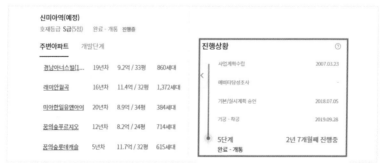

| 리치고로 보는 개발 호재 정보

• 공인중개사 블로그

개발 호재에 관해 한 번이라도 검색을 해보셨다면, 재개발 관련 매물을 가진 공인중개사 대부분이 네이버 블로그를 운영하며, 그곳에 재개발에 관련 소식을 업데이트한다는 사실을 알게 될 겁니다.

공인중개사라고 모든 부동산 분야에 정통한 것은 아닙니다. 상가 전문, 빌라 전문, 아파트 전문, 재개발 전문으로 각자 특화된 분

N **신길음1구역**   ⌨ ▾   Q

통합   VIEW   이미지   지식iN   인플루언서   동영상   쇼핑   뉴스   어학사전   지도   ···

 VIEW 에서 #혼자를 검색해보세요!

🏢 탑부동산 02)948-6000   2020.08.26.

길음뉴타운 **신길음구역** 조합원 매물
길음뉴타운 내에 있고 길음역 8번, 9번 출구와 접해있는 **신길음구역** 매매 매물입니다. **신길음구역**은 이미 사업시행인가가 난 곳이고 재개발 방식이지만 조합방식이...

#신길음구역   #신길음조합원매물   #길음뉴타운   #길음역

[길음뉴타운]신길음구역 조합원 매물(#신길음구역 #재개발매물)
재개발 신월곡1구역 매물(#재개발매물 #신월곡1구역)

👤 사람과 부동산 이야기   2021.11.03.

[**신길음구역**] 855가구 주상복합 재개발 다시 시동?
길음뉴타운 현황 삼양로 서쪽이 본구역(1~10단지), 동쪽이 확장지구(길음1·2촉진구역+길음3구역)입니다... 확장지구에서 오랫동안 진척이 없던 **신길음구역**이 최근 ...

#길음뉴타운현황   #신길음구역

[원픽 뉴스 1222] 미아사거리역 신길음1구역에 410세대 공급(#신길음1구역)

🏠 땅집고 ✓   2021.12.22.
북아현3**구역**에 4776가구, **신길음1구역**에 410가구 들어선다
지역에 필요한 복합문화시설과 자유시민대학, 노인복지시설, 영유아를 위한 국공립 어린이집 등 다양한 공공시설도 조성하기로 했다.이번 도시재정비위원회에서는 ...

│ 블로그로 보는 개발 호재 정보

야가 다릅니다. 해당 공인중개사의 전문 분야를 알기 위해서는 네이버부동산을 통해 공인중개사의 매물 종류를 살펴보거나 운영하는 블로그에 어떤 내용을 연재하는지 보면 됩니다.

재개발을 전문으로 하는 공인중개사를 찾았다면 그가 운영하는 블로그를 통해 연락을 취하거나 직접 방문해서 관련 소식을 물어볼 수 있습니다. 공인중개사를 통해 얻는 정보는 어느 사이트나 플랫폼에서 공개된 적이 없는 정보일 수 있습니다. 다른 경쟁 투자자들과 차별화된 투자처를 알 수 있는 기회입니다. 다만, 한 분 한 분 직접 접촉해야 하기에 시간과 노력이 많이 들 겁니다. 확실한 재개발 투자를 하려면 반드시 한 번은 거쳐야 하는 과정입니다.

(6) 학군과 상권을 놓치지 마라

부동산 투자를 할 때 빼놓지 않고 보아야 할 것이 학군과 상권입니다. 결국 부동산 투자는 앞으로 발전될 곳에 해야 하는데, 그와 관련해서 교육과 상권을 빼놓을 수 없기 때문이죠. 우리나라가 강남을 중심으로 발전한 이유가 '일자리'라고 생각하는 분들이 많이 계시는데, 그 비싸다는 동네에 일자리가 많이 몰린 원초적인 원인은 바로 '교육'에 있습니다.

기업이 성장하기 위해서 유능한 인재 확보가 가장 중요하며, 그 인재는 '교육'이 중심이 되는 지역에 모이게 되어 있습니다. 그것이 바로 대한민국에서 가장 유명한 강남 8학군으로 대표되는 강남 지역입니다. 하지만, 항상 최고만이 정답은 아닙니다.

강남은 이미 너무 높은 가격대를 형성하고 있고, 최소의 투자금으로 최대의 효율을 내야 하는 우리에게는 적합한 곳은 아닙니다. 우리는 저평가된 지역을 찾고, 그 지역 내에서 학원이 몰려 있거나 성적이 좋은 학교가 있는 곳, 상권이 집중된 지역을 찾아보면 됩니다. 물론 대개 이런 위치의 물건은 대장 아파트로 높은 시세를 보이지만, 그곳을 중심으로 2급지, 3급지로 넓혀나가면 됩니다.

│ 호갱노노에서 학원가를 검색하는 법

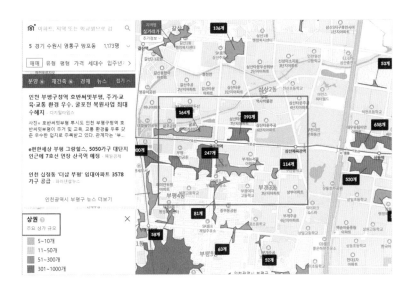

| 호갱노노에서 상권을 검색하는 법

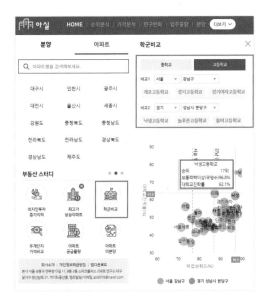

| 아실에서 학군을 비교하는 법

소액으로 아파트에 투자하는 법

1. 5,000만 원으로 투자 가능한 아파트를 찾아라

만일 투자금이 5,000만 원밖에 없다면 어떻게 시작하는 게 좋을까요? 갭투자를 하더라도 매매가와 전세가 갭이 1억 원, 2억 원가량의 매물을 보는 것은 부담스러울 수 있습니다. 그럴 때 호갱노노의 '보여주기' 기능을 활용하면 좋습니다. 현재 내 상황에 맞는 매매가와 전세가의 범위를 설정하여, 그 차이에 해당하는 단지만을 한 눈에 살펴볼 수 있습니다.

| 호갱노노에서 갭가격으로 매물을 보는 법

2. 대장급 아파트 옆을 노리자

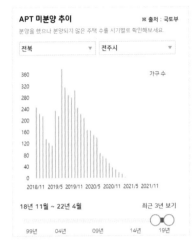

| 전주 아파트 미분양 추이 | 전주 매매/전세 가격 변동

위 그래프는 전주 덕진구의 2018년 8월부터 현재까지의 가격변동과 미분양을 나타냅니다. 미분양 추이를 살펴보면, 2018년 11월부터 2019년 12월까지 미분양 아파트가 꽤 많이 축적되어 있다는 걸 알 수 있습니다. 그러다가 2020년 들어서, 미분양이 꾸준히 소화되더니 2021년에는 미분양이 거의 없게 됩니다.

그럼, 미분양 추이에 따라 가격이 어떻게 변동됐는지 살펴볼까요? 미분양이 쌓이던 2018년 11월에서 2019년 9월까지는 꽤 가파른 하락세를 보였습니다. 그러다가 미분양이 소화되는 2019년 말부터 가격 하락이 점차 둔화되더니 2020년 중순 이후에는 투자자들이 본격적으로 유입돼 상승장이 시작됩니다. 그리고 지금까지 이어지고 있습니다.

다음은 전주시 덕진구 소재의 급지별 아파트 단지입니다

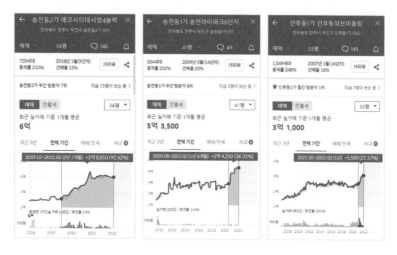

| 전주 덕진구 1급지, 2급지, 3급지 매매 가격

덕진구 송천동 2가 에코시티데시앙4블럭(1급지)은 미분양이 점차 소화되기 시작한 시점부터 상승하기 시작합니다. 정말 실력과 감각을 겸비한 투자자는 이미 이때 1급지에 투자해놓고 있었을 겁니다. 하지만, 대장 아파트만 오르는 것도 아니고, 모든 아파트가 동일한 시기에 오르는 것이 아니기에 우리에게도 기회가 있습니다.

바로 2급지, 3급지로 건너가는 것이지요. 덕진구 송천동1가에 있는 송천아이파크6단지 41평형 가격 그래프를 보시기 바랍니다.

1급지가 오르기 시작한 1년 뒤인 2020년 8월경부터 오르기 시작했습니다. 1급지가 상승하는 것을 보았으니, 우리에게 일 년의 시간 있었던 겁니다. 그래도 확실하지 않으니 3급지로 가보겠습니다. 인후동1가 인후동위브어울림 33평형입니다. 2021년 2월부터 오르기 시작한 것을 확인할 수 있습니다. 2급지가 오른 후 반년의 시간이 또 있었습니다.

이 방법을 활용하면, 아직 대장급과 1급지만 오른 지역의 옆에 있는 단지에서 기회를 찾을 수 있습니다. 다만, 앞서 설명한 대로 미분양, 공급량, 정책 등을 사전에 손품 팔아 꼼꼼히 확인하고 투자하셔야 합니다.

갭투자로 사는
수도권 오피스텔

빌라가 돈이 안 되고, 지방 아파트로 수익을 낼 수 없다는 편견을 깨셨다면, 이번에는 오피스텔 갭투자에도 관심을 가질 차례입니다. 실제로 저는 오피스텔을 경매로도 투자하지만, 입지가 좋다면 갭투자를 합니다.

매매가와 전세가 차이가 큰 아파트와 달리 오피스텔은 매매가와 전세가의 차이가 거의 없기에, 투자금 1,000만 원으로 가능한 물건들이 있습니다. 더 나아가 무갭투자(매매가와 전세가가 동일한 것을 활용하는 투자법으로, 이 경우 세금만 냄)와 플피투자(매매가가 전세가보다 낮은 경우로 오히려 돈 더 생김)가 가능합니다.

다만, 오피스텔을 투자할 때는 반드시 자신만의 투자원칙을 세

우고 접근해야 합니다. 잘못된 곳에 투자했다간 자칫 역전세 또는
매매가 하락으로 큰돈을 지출하게 될 수도 있습니다.

(1) 원룸 오피스텔

원룸 오피스텔의 주 수요층은 앞서 말씀드린 대로, 직장인, 대학
생, 자취생이기에 투자 여부를 결정할 때는 아래 조건 중 적어도 네
개 이상은 충족하는 곳을 찾아 투자하시는 게 좋습니다.

① 세대수 200세대 이상
② 역세권(도보 5분 이내)
③ 엘리베이터 대수(1대당 70세대 이하)
④ 공시지가 130% 이내
 - KB시세가 있는 오피스텔의 경우, 안심전세대출(국가에서 해주는 저금
   리 대출) 및 전세보증보험을 받을 수 있는 대출한도는 'KB매매 하위평
   균가'입니다. KB시세가 없는 오피스텔의 경우, 전세입자가 안심전세
   대출 및 전세보증보험을 받을 수 있는 대출한도는 공시지가×150%입
   니다. 20% 여유를 두고 130%로 설정한 이유는, 향후 전세가가 떨어
   지더라도 안전마진을 두기 위해서입니다.
 - 오피스텔 공시지가는 국세청홈택스(hometax.go.kr)로 접속해 '조회/
   발급 ⇒ 기준시가 조회 ⇒ 오피스텔 및 상업용 건물'로 들어가 주소/번

지수를 입력하면 확인 가능합니다. '면적당 기준시가×건물 면적'을 해야 합니다.

예를 들어, 오피스텔의 공시지가는 2,301,000(원) × 57.57㎡를 해서 '132,468,570원'이며, 다시 여기에 150%를 곱하면 198,702,855(약 1.98억)원이 나옵니다. 해당 오피스텔이 KB시세가 없고 보증보험에 있다면 이 오피스텔에 입주하는 전세입자가 저금리의 LH나 HUG안심전세대출 및 보증보험에 가입하기 위해서는 1.98억 원 이내로 전세계약을 해야 합니다.

| KB매매 하위평균가

| 오피스텔의 KB시세 없는 경우

| 국세청홈텍스에서 오피스텔 공시지가 확인하는 법

⑤ 원룸 오피스텔의 경우 매매가와 전세가의 차이가 1,000만 원 이하

⑥ 기계식이 아닌 자주식 주차장

위 6개의 조건이 충족되는지 확인하셨다면, 이제 발품을 들여 아래 세 가지 사항을 최종적으로 검토해보시면 좋습니다.

오피스텔 투자 체크리스트

항목/등급(점수)	상(5점)	중(3점)	하(1점)
[입지]			
역세권	200m	500m	1km
주변 역 노선	2호선, 9호선, 신분당	7호선	그외
주변 상권	프랜차이즈	일반 맛집	없음
향	남향	동, 서향	북향
[건물 선호도]			
건설사 인지도	10위권 대기업	중견 기업	그외
세대수	500세대 이상	300-500세대	300세대 이하
주차방식	자주식	기계식	주차불가
엘리베이터 1대당 세대수	50세대 이하	50-80세대	80세대 이상
경비원 상주	상주	업무시간에만	외주/없음
층수	상층 (20층 이상)	중층(10-20층)	저층(10층 이하)
연식	5년 이내	5-15년	15년 이상
기타			
갭(매매가-전세가)	500갭	500-1500갭	1500갭 이상
임차인 여부	공실/무등록 호실	전세낀 호실	월세낀 호실
사업자 유무	무등록	일반사업자	주택임대사업자
호갱노노 총평(검색 '관리')	호평	중타	악평

35점-15점	투자 주의
56점-36점	나쁘지 않음
75점-57점	무조건 투자

① 출퇴근 시간에 엘리베이터를 직접 타보고, 밤에 주차장 자리가 넉넉한지 확인하기
② 호갱노노의 입주민 커뮤니티에서 매물의 특징을 파악하고, 특히 단점을 상세히 알아두기
③ 아실을 통해 인근에 평수, 연식, 세대수가 비슷한 오피스텔 가격과 비교해서 저평가 여부를 확인하기

지금까지 말씀드린 내용을 도표로 정리해두었으니, 오피스텔 임장 시 출력하거나 기록해서 꼭 체크해보시기 바랍니다. 제 경험상 머릿속에 아무리 지식이 많아도 막상 현장에 나가면 정신이 없기에 확인해야 할 사항을 늘 놓치기 마련입니다. 위에 언급하지 않은 사항도 있으니, 살펴보시고 나름대로 점수를 매겨 투자 여부를 판단하시면 좋겠습니다. 가점이 총 50점이 넘는다면 투자가치가 충분히 높다고 볼 수 있습니다.

(2) 투룸과 쓰리룸 오피스텔

오피스텔 투룸 이상부터는 원룸과 성격이 달라집니다. 가족 단위가 들어와 실거주를 할 수 있는 규모이기 때문에, 아파트 대체재로써 투자자 외에 실거주용을 찾는 사람들이 매수하기도 합니다. 그래서 주변 아파트 가격이 올라감에 따라, 시간 차이를 두고 시세

가 올라가기도 합니다. 투
룸 이상의 오피스텔을 투자
할 때는 반드시 주변 아파
트를 확인하고 동일 평수의
시세를 비교해야 합니다.

다음 그래프는 경기도
성남시 분당구에 있는 오피
스텔 두산위브파빌리온(방
3개, 전용면적 104㎡)과 주변
아파트인 상록마을 1차, 2차
의 비슷한 평수 실거래가 추
이를 비교한 것입니다.

우리가 흔히 생각하는
원룸 오피스텔 가격 추이
와는 다르게, 아파트 가격
변동과 함께 움직이는 사

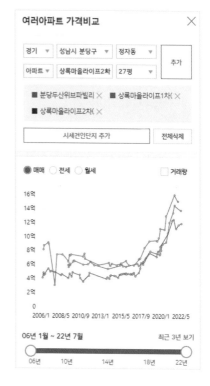

| 아실에서 분당의 오피스텔과 아파트
매매가를 비교한 예시

실을 확인할 수 있습니다. 이 부동산에 실거주로 들어오려는 수요
층(가족 단위)이 유사하기 때문입니다. 주변 아파트의 가격이 먼저
움직이기 시작했다면 근처에 있는 동일 평수 오피스텔도 관심 있
게 보시기 바랍니다.

TIP 투룸 이상 오피스텔을 투자할 때 점검할 사항

① 인근의 투룸, 쓰리룸 아파트 매매가

② 세대수 300세대 이상 여부

③ 수도권(서울, 인천, 경기도) 소재 여부

④ 전세가율이 80% 이상

TIP 투자할 때 조심해야 할 오피스텔

1. 도보 15분 이상 역과 떨어져 있는 오피스텔

상업용 토지에 건축되는 오피스텔 특성상, 지하철역에서 멀어지면 메리트가 대폭 떨어지게 됩니다. 오피스텔에 거주하는 대부분의 사람들에게 출퇴근 용이성이 1순위입니다.

따라서 모든 조건이 동일하고 가격이 저렴하더라도 오피스텔에서 역까지 도보로 15분이 넘어가게 되면, 역 주변에 위치한 오피스텔에 비해 선호도가 현격히 떨어지게 됩니다.

2. 주변에 공터가 많은 오피스텔

오피스텔은 아파트와 달리, 크지 않은 대지권이라도 상업용 토지라면 어렵지 않게 건축할 수 있습니다. 만약 내가 투자한 오피스텔의 주변이 상업용 토지이고, 또 비어 있다면 언제든지 신축 오피스텔이 건축될 수 있다는 얘기입니다.

이럴 경우, 내가 투자한 오피스텔은 구축으로 밀려날 수 있습니다. 세입자 입장에서는 같은 위치라면 당연히 신축을 선택하려고 할 테니까요.

3. 기계식 주차만 있는 오피스텔

요즘은 소득이 아무리 낮은 세대일지라도 대부분은 차 1대씩 보유하고 있습니다. (대학가 주변의 학생이 주 세입자층인 오피스텔은 예외로 둘 수 있습니다.) 그런데 지하 주차장이 없고 기계식 주차만 가능하다면 불편함이 이만저만이 아닐 것입니다.

기계식 주차장이라면 1대씩 순차적으로 차를 넣거나 빼야 하는데, 정신없는 출퇴근 시간에 주민들이 줄서서 기다리는 모습을 상상해보세요. 만약 출퇴근 시간에 기계가 고장이라도 난다면 어떨까요? 얼마나 불편할지는 여러분 판단에 맡기겠습니다.

4. 상주하는 관리인이 없는 오피스텔

많은 사람이 관리비를 더 내더라도 빌라보단 오피스텔을 선호하는 데는 여러 이유가 있겠지만, 가장 중요한 것으로 보안과 응급 상황에 도움을 청할 관리실이 있다는 점을 꼽습니다. 특히, 치안 문제가 사회적 이슈로 대두되는 요즘, 주거 환경에서 보안은 떼려야 뗄 수 없는 요소입니다.

그런데 문제는, 많은 오피스텔이 관리비를 아끼려는 취지로 상주하는 관리인을 두지 않거나 외주 업체에게 전적으로 맡기는 경우가 많다는 것입니다.

투자를 결정하기 전에 반드시 상주하는 관리인이 있는지 확인하세요. 관리인이 없다 해도 살고 계신 입주민들이 치안이나 불편함을 겪고 있는 부분은 없는지 살펴보고, 만약 투자를 하겠다고 결정을 내렸다면, 최소한 근처에 관리인이 있는 오피스텔보다 저렴한 가격으로 투자하시길 권장합니다.

5. 햇빛이 들지 않는 오피스텔

오피스텔은 건축법상 상업용 시설로 분류되기 때문에, 건축물간 거리에 대한 규제가 없습니다. 그래서 저층 오피스텔의 경우 바로 옆 오피스텔과 거의 붙어 있다시피 지어져 볕이 들지 않는 경우가 간혹 있습니다. 이런 경우 당연히 볕이 잘 드는 고층에 비해 가격이 저렴할 뿐 아니라, 나중에 매도할 때도 상당히 오랜 시간이 소요될 수 있으니 투자할 때 주의하시길 바랍니다.

오피스텔 투자 실전 사례

1. 가격 비교를 통해 저평가된 부동산을 찾아라

다음 그래프에서 파란색 선은 경기도 수원시 영통구에 있는 아파트 자연앤자이3단지(39평형)이고, 빨간색 선은 오피스텔 에듀하임 1309(41평형)입니다. 입지 여건은 거의 동일하지만 건설사 브랜드나 자재, 내부 구조 등을 비교해보면 자연앤자이의 선호도가 더 높습니다. 참고로 오피스텔은 아파트에서 제공하는 서비스 면적(발코니)이 포함되어 있지 않기 때문에, 같은 평형이어도 실내는 아파트보다 훨씬 좁습니다. 오피스텔의

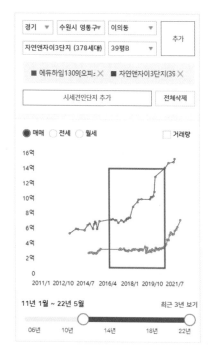

| 아파트와 오피스텔 가격 비교

전용면적 84㎡는 아파트로 치면 59㎡와 거의 유사하다고 보면 이해가 빠를 듯합니다.

그래프에서 주목할 부분은 2018년도부터 파란색 선이 치고 올라가는 반면, 빨간색 선은 거의 변하지 않고 그대로 유지된다는 점입니다. 아파트 가격이 부담스러울 정도로 높게 형성되면, 집을 소유하고 싶은 실거주자 입장에서 상대적으로 덜 오른 에듀하임을 차선책으로 선택할 것이라고 판단할 수 있습니다.

2020년 4월, 저는 아내와 1.5룸 오피스텔에 신혼집을 마련해 살고 있었습니다. 그러다 아내의 임신으로 쓰리룸을 알아보게 되었는데, 마침 저평가된 광교의 에듀하임 1309라는 대단지 오피스텔(1309세대)이 눈에 띄었습니다. 시세가 가파르게 오르고 있는 바로 옆 자연앤자이와 달리 에듀하임은 보합세를 유지하고 있었고, 전세가도 90% 이상 받쳐주고 있어 매입하면 떨어질 일은 없겠다 싶었습니다.

저는 3.6억 원에 로얄층의 로얄뷰를 가진 쓰리룸 매물을 매수했습니다. 에듀하임에는 창문이 도로 쪽인 세대와 공원 조망을 가진 류얄뷰 세대가 있습니다. 공원을 향한 동은 개발 불가인 공원으로 인해 영구조망권을 갖고 있고, 3,000만 원 정도 더 높게 매매가가 형성되어 있습니다. 2021년 11월 기준 7.2억 원까지 실거래가가 찍혀, 제가 매매할 당시보다 정확히 2배 정도 올랐습니다.

가격 외에도 해당 오피스텔 단지는 1309세대로 세대수가 많고 주변 인프라도 잘 조성되어 있습니다. 또한 신분당선이 지나는 광교중앙역까지 도보 8분 이내로 접근할 수 있고, 광교중앙역 지하 1층에는 서울의 일자리가 몰려 있는 핵심지역, 즉 서울역, 광화문, 강남 일대로 한 번에 가는 광역버스들이 들어옵니다. 광교중앙역 옆에는 아비뉴프랑이라는 복합몰이 있어 각종 식당과 마트, 키즈카페 등이 자리 잡고 있습니다. 편의시설 접근성은 최상급에 속한다고 볼 수 있습니다.

2. 일자리 밀집 지역을 공략하라

경기도 성남시 분당구 정자역 근처에는 정자역을 기준으로 서쪽으로는 오피스텔 및 상가 단지가 있고, 탄천을 지나 우측으로는 아파트 단지들이 몰려 있습니다. 정자역 두산위브파빌리온 오피스텔은 정자동을 대표하는 오피스텔로 단지 내 관리가 상당히 잘되어 입주민들의 거주 만족도가 가장 높은 축에 속합니다. 정자역과는 도보 10분으로 거리가 좀 있지만, 건설사 브랜드(두산)와 많은 세대수(1,500세대) 때문에 정자동 일대에서 평 단가가 가장 높은 오피스텔 중 하나입니다.

제가 이 단지의 원룸 오피스텔에 투자하게 된 건 가격이 저평가되어 있어서가 아니라, 정자동 인근으로 일자리가 늘어나고 있기 때문입니다. 제2, 제3판교테크노밸리가 조성되고 정자역, 판교역 일대에 다양한 일자리가 들어설 예정입니다. 신축할 땅이 없어 공급량은 유지되는 상황인데, 일자리가 늘어나니 오피스텔 수요가 증가할 것입니다. 거기다 인플레이션까지 반영된다면 시세가 올라가

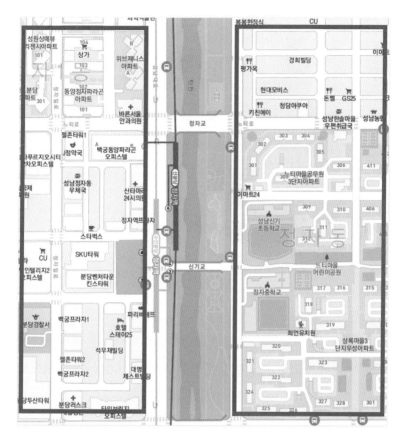

| 정자역

는 것은 자명하다고 판단했습니다.

    2019년부터 1년 동안 1.5룸 오피스텔 5채를 전세를 끼고 매수하는 데 들어간 돈은 1억 원 정도였습니다(매매 2.8억 원에 전세 2.7억 원으로 세팅된 매물, 취득세 1,000만 원 전후). 현재 투자한 5채의 시세는, 5채 모두 합쳐서 6억 원 이상 올랐습니다. 세금을 제외한 투자

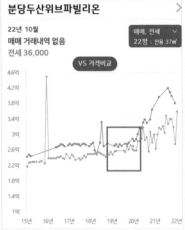

| 두산위브파빌리온

수익률은 600%가량 됩니다. 해당 오피스텔 인근으로 계속해서 일자리가 많아지고 있고 신분당선 연장 호재도 있기에, 저는 앞으로도 장기 보유할 계획입니다. 어차피 현재는 투자금을 모두 회수하고도 남은 상황이라 2년마다 전세금을 올려 받거나, 올린 만큼 월세로 환산하여 현금흐름을 만들 계획도 있습니다. 위치가 좋은 곳에 투자하면 매도 걱정을 하지 않아도 됩니다. 어차피 장기적으로 올라갈 거니까요. 다만, 지방 소도시 아파트와 빌라는 반드시 공급량과 입주량을 확인하셔서 대규모 공급이 있기 전에 빠져나오셔야 합니다.

PART 5

잃지 않는
투자를 위한
부동산 기본기

부동산을 구매하는 데 필수적인 레버리지

(1) 대출을 왜 받는가?

부동산을 매수할 때 가장 흔하게 이용하는 것이 바로 '대출'입니다. 대출의 필요성에 관해서는 틈틈이 말씀드렸으니, 여기에서는 대출을 어떻게 받아야 하고, 어떤 대출이 좋은지에 대해 전하고자 합니다.

우선 대출받는 부동산을 사용 목적에 따라 나누어 보겠습니다. 실거주용이라면 전입을 하실 거고, 투자용이라면 세입자를 받으실 겁니다. 최근 대출 규제가 심해지면서 규제지역에 위치한 주거용 부동산은 실거주가 아니면, 대출받기가 어려워졌습니다.

a. 실거주 부동산을 생각한다면

실거주 부동산 때문에 대출을 받는 것이라면, 해당 부동산 근처에 있는 제1, 제2금융권에 문의하는 게 가장 좋습니다. 아무래도 해당 부동산의 상황에 대해 알고 있는 인근 은행을 활용한다면, 운 좋게 지점장의 재량으로 일부 대출을 더 받을 수도 있고, 좋은 조건으로 받을 수도 있습니다.

부동산 인근의 은행을 찾는 방법은 다음과 같습니다. 네이버부동산(또는 카카오맵)에서 매입하려는 부동산의 주소를 입력합니다. 가령 송파구에 있는 헬리오시티를 염두에 두고 있다면, '헬리오시티'를 입력한 후 화면 중심을 헬리오시티로 옮겨놓습니다. 그 뒤에 은행을 검색하면, 가까운 거리에 위치한 순서대로 은행이 나오고, 클릭하면 해당 지점의 전화번호가 보입니다. 전화를 건 후 주택담

| 헬리오시티 주변 은행

보대출 상담을 받고 싶다고 말하면, 담당 부서로 연결됩니다.

대출 조건에는 대출가능금액과 금리(이자) 외에도 중도상환수수료와 거치기간이라는 개념이 있습니다. 중도상환수수료란 일종의 위약금 개념으로 생각하면 쉽습니다. 은행 입장에서는 대출받은 사람이 대출을 갚지 않고 오래 가져가야, 대출이자를 받으면서 수익을 낼 수 있습니다. 그렇기에 대출을 빨리 갚게 되면, 일정 수수료인 중도상환수수료를 내게 해서 조금이나마 대출을 빨리 갚지 않도록 묶어놓는 것입니다. 통상 중도상환수수료는 대출상품에 따라 다르며, 0.5~3%까지 다양합니다.

예를 들어, 중도상환수수료가 3%인 대출상품으로 1억 원을 빌린 후 바로 대출을 상환하면 300만 원(1억 원×3%)의 중도상환수수료를 내야 하는 것입니다. 중도상환수수료는 대출을 보유하는 기간을 일할로 계산해서 시간이 지남에 따라 수수료가 점점 줄어들게 됩니다.

거치기간은 원금은 그대로 둔 채로, 이자만 내는 기간을 의미합니다. 거치기간이 3년인 대출상품이라면, 3년까지는 이자만 납부하고, 3년 이후부터는 원금도 만기기간으로 나누어 갚게 됩니다. 만기는 통상 30~35년입니다. 그럼 대출가능금액, 이자율, 중도상환수수료, 거치기간 중 어떤 걸 우선순위로 둬야 할까요?

투자자일 경우 대출을 단기에 갚을 계획(전세입자를 들일 예정 또는 단타로 매도할 예정)이라면 '대출가능금액 〉 중도상환수수료 〉 거치기간 〉 이자율' 순으로 중요도를 나눌 수 있습니다. 단기로 빌리는 게 아니라 월세 수익 목적으로 대출을 1년 이상 가져갈 예정이면, 중도상환수수료는 가장 후 순위로 밀릴 겁니다. 실거주라면 어떨까요? 실거주 또한 대출을 오랜 기간 유지해야 하니, 월세 수익을 내려는 투자자의 우선순위와 동일하다고 보면 됩니다.

b. 투자용 부동산을 매입하려면

집주인이 전입하지 않는 투자용 부동산의 대출은 은행지점에 연락하는 것보다는 소위 대출을 전문으로 중개해주는 '대출상담사'에게 문의하는 것이 가장 빠르고 효율적입니다. (앞서 말씀드렸듯이 경직모에서 대출상담사들의 연락처를 확인할 수 있습니다.)

대출상담사는 은행에 소속된 직원이 아닌, 다양한 은행에서 취급하는 투자용 부동산 대출상품을 가지고 영업점 대신 영업하는 분들이라고 보면 됩니다. 은행에 연락하면 해당 은행 상품만 소개받지만, 대출상담사는 여러 은행의 상품을 다양하게 알고 있기 때문에 내 상황에 맞는 대출상품을 더 효율적으로 찾을 수 있고, 원하는 조건과 맞는 은행을 연결해준다는 장점이 있습니다.

(2) '남의 돈'을 적극적으로 활용하라

부동산을 매입하는 방법에는 세입자의 전세보증금을 활용하는 방법이 있습니다. 일각에서는 소중한 세입자의 돈으로 투기를 한다며 비난하기도 합니다. 그럼 저는 그들에게 물어봅니다. 우리가 예금한 돈을 받아서 남한테 대출을 해주며 돈 장사를 하는 은행은 왜 정식기관으로 인정받고 있을까요?

전세보증금으로 집을 사는 것도 마찬가지입니다. 집주인이 리스크를 관리하지 않고 보증금으로 몽땅 테마주를 산다거나 유흥을 즐기며 흥청망청 쓰면 그 사람이 문제인 것이지, 대부분의 투자자는 역전세를 대비하여 어느 정도 현금을 보유하고, 나머지 돈은 '돈이 더 늘어날 곳'에 투자합니다.

편견에 사로잡혀 비난만 하게 되면 기회를 보지 못합니다. 대출은 막혀 있고, 집값은 오르는 이 상황에서 전세를 끼고 집을 사는 것 이외에 효과적인 방법이 있을까요? 물론 현금 100%로 수억, 수십억에 이르는 집을 살 수 있다면 그렇게 하면 됩니다.

단 전세를 끼고 집을 사면, 세입자가 이사를 나갈 때 전세보증금을 돌려주어야 집주인이 실거주를 할 수 있습니다. 보통의 경우 전세 금액이 아주 크기 때문에, 집주인의 돈과 대출을 활용해 약속된 전세보증금을 내어줍니다. 투자금과 대출을 합친 금액이 전세보증금보다 적다면 실거주를 할 수 없고, 다시 다음 세입자를 구해서 새로 받은 보증금을 기존 세입자에게 주어야 합니다.

전세를 끼고 집을 사는 것은 대출이 나오지 않고 집값이 더 오를 것으로 판단될 때, 현재 시점의 가격으로 매수한다는 데에 의미가 있습니다.

(3) 정보로 부동산을 산다

저는 부동산 투자를 할 때는 정보가 아주 중요한 레버리지 수단이라고 생각합니다. 여러분이 읽고 계신 이 책도 마찬가지입니다. 제가 수년간 얻은 노하우를 담은 이 책을 레버리지 삼아 투자 실력을 단기간에 키울 수 있습니다. 온라인상에 공개된 정보를 최대한 확인하고 내 상황에 맞게 분석해서 나만의 지식으로 습득해야 합니다.

앞서 여러 지역의 부동산을 분석할 때 다양한 부동산 플랫폼을 언급했었는데, 그중에서 저는 '아실(asil.kr)'을 꼭 활용해야 한다고 강조하고 싶습니다. 부동산 플랫폼을 처음 사용하는 사람들도 쉽게 접근할 수 있도록 설계되어 있고, 유료 플랫폼이지만 비용을 내도 아깝지 않을 만큼 정보가 잘 정리되어 있습니다. 제가 자주 이용하는 주 기능들을 요약해서 설명해보겠습니다. (소개되지 않은 기능들도 한 번씩 클릭해보시고, 유용하다 생각되면 적극적으로 활용하세요.)

a. 매물이 증가하는 추이를 확인한다

아실에서는 도시별 매물 증감 추이를 확인할 수 있습니다. 지역별로 매물이 가장 많이 '증가' 또는 '감소'한 지역을 내림차순으로 확인할 수 있습니다

경기도 포천시를 클릭해보면 2020년 1월부터 현재까지의 매매-전세-월세 매물의 증감 그래프를 보여줍니다. 과거 데이터도

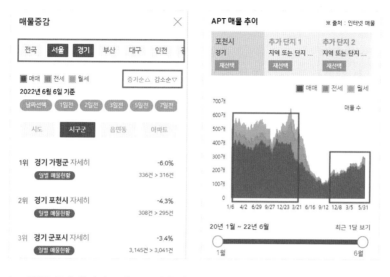

| 아실을 통해 확인하는 매물 증감 추이 | 경기도 포천의 아파트 매물 증감 추이

같이 보여주기 때문에, 한눈에 현재 매물 수의 변화 양상을 파악할 수 있습니다. 전체적으로 매물의 절대 수가 줄었지만, 그중에서도 전세나 월세 매물이 거의 소멸된 것이 눈에 띕니다.

전세와 월세 매물이 많아지려면 실수요자가 아닌, 투자자가 투자해서 전세나 월세로 내놓아야 하는데, 다주택자에 대한 규제가 많아지면서 매물이 줄었습니다. 게다가 임대차 3법으로 나와야 할 매물이 계약갱신청구권으로 재계약됨으로써 매물 수가 줄었다고 판단할 수 있습니다. 반대로 전세 매물이 쌓이고 있다면, 매물을 내놓은 집주인들끼리 가격경쟁이 붙어 전세가 하락으로 이어질 수 있으니, 동향을 유심히 살펴보셔야 합니다. (전세 매물이 늘고 있다면,

투자자가 이미 많이 들어갔다고 유추할 수 있습니다.)

b. 갭투자 증가지역에 주목한다

두 번째로 갭투자 증가지역을 관찰할 수 있습니다. 갭투자가 늘어난다는 것은 실거주가 아닌 전세를 주는 목적으로 매입한 것이기에, 앞서 살펴본 전·월세 증감과도 연관이 있습니다. 이 갭투자 증가지역을 눌러보면 투자자들이 어디에 관심을 두고 있는지 유추할 수 있습니다. 이미 갭투자 증가지역에 있는 대장 아파트와 지역 내 가장 비싼 아파트는 투자자들이 선점했을 가능성이 크기에, 덜 오른 곳을 찾으면 충분히 기회를 엿볼 수 있습니다.

c. 여러 아파트의 가격을 대조한다

여러 아파트의 가격을 비교하고 분석하는 방법은 PART 4에서 자세히 설명했기에 간단히 넘어가겠습니다. 다른 플랫폼에는 없는 기능으로, 아파트 저평가 여부를 판단하기 위해서라도 꼭 사용해보시길 바랍니다.

투자할 아파트를 선정했다면 같은 지역 내 비슷한 세대수, 평수, 연식을 가진 아파트와 비교해보고, 더 나아가서 비슷한 인구수를 보유한 지역의 아파트와 여러 차례 대조해보세요. 내가 지금 투자하려는 아파트의 가격이 높은 편인지, 저평가된 상태인지 알 수 있습니다.

다음은 충청남도 당진시 읍내동에 있는 푸르지오2차(33평형)가

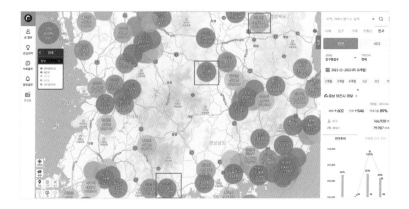

| 부동산지인에서 확인한 인구수

저평가되어 있는지 확인하고자 비슷한 규모의 지역 아파트를 비교한 것입니다. 16만의 인구를 가진 당진시와 비교할 지역을 찾기 위해, '부동산지인 ⇒ 부동산 빅데이터 ⇒ 인구수'를 클릭하여 찾아보았습니다. 김천시(14만), 광양시(15만), 안동시(15만) 세 개의 도시가 보였습니다.

아래는 당진 푸르지오2차와 비슷한 아파트를 찾기 위해, 호갱노노에서 세대수 300~1100세대, 30평형, 5~12년으로 조건을 설정해 검색한 아파트입니다.

광양(파란색): 전라남도 광양시 중동 이편한세상광양(36평형)

김천(검은색): 경상북도 김천시 율곡동 한신더휴퍼스트리움(34평형)

안동(초록색): 경상북도 안동시 당북동 안동센트럴자이(33평형)

위 그래프를 보면 네 개의 단지 모두 2020년까지는 비슷한 매매가를 형성했으나 안동(초록색)과 김천(검은색)의 매매가가 치고 올라간 데 비해, 광양(파란색)과 당진(빨간색)은 아직 잠잠하다는 것을 알 수 있습니다.

그렇게 된 주요 원인으로 현재 광양은 미분양이 꽤 쌓여 있음에도 2024년까지 공급량이 많이 예정되어 있어, 가격 상승이 둔화된 것으로 판단됩니다. 당진은 미분양은 많지 않지만, 2025년까

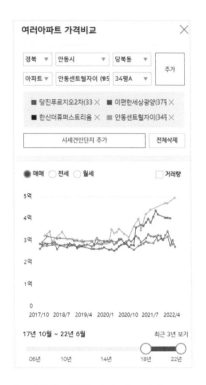

┃ 아실을 이용한 가격 비교 사례

지 꽤 많은 공급이 예정되어 있습니다. 미분양이 소화되고, 공급량이 줄어들게 되면 이 격차도 줄어들게 될 것입니다.

공급이 줄어들고 미분양이 줄어드는 시점에 투자해놓으면, 김천과 안동의 아파트만큼 상승 여력이 있을 것입니다(다른 지역과도 여러 번 대조해보면 당진 아파트가 저평가되었는지 아닌지를 분명하게 확인할 수 있습니다.)

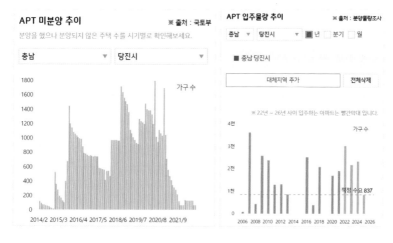

| 충남 당진 미분양/공급량

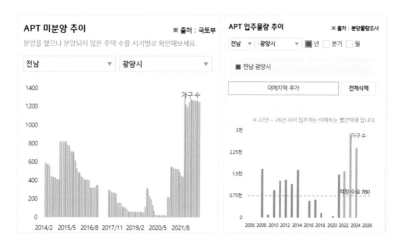

| 전남/광양 미분양/공급량

d. 빅데이터로 가격을 예측한다

가격변동을 통해 해당 지역이 전체적으로 가격이 올라가고 있는지 떨어지고 있는지 알 수 있습니다. 적어도 내가 어느 지역에 투자하기로 했다면 그 지역이 전체적으로 상승장인지, 하락장인지, 보합세인지는 알아야 합니다.

다음 그래프는 충청남도 당진에 있는 푸르지오2차의 가격변동입니다. 2007년부터 2020년 중순까지 장기적으로 우하향하다가 2020년도부터 저점을 찍고 올라가는 것을 볼 수 있습니다. 당진 푸르지오2차는 오랜 기간 상승하지 못했지만 비슷한 수준의 아파트들이 많이 올랐기에, 충분히 저평가되어 있다고 판단할 수 있습니다.

더욱이 당진 푸르지오2차는 현재 전세가율이 88% 수준까지 올라와 있습니다. 전체 평균이 73.5%이니 매매가가 오랜 기간 오르지 않은 것에 반해, 전세가는 상당히 올랐다고 볼 수 있습니다. (빨간색으로 표시한 부분을 참조해주세요.) 이런 경우, 공급량과 미분양만 적정 수준으로 돌아오면 매매가는 오를 수밖에 없습니다. 전세입자

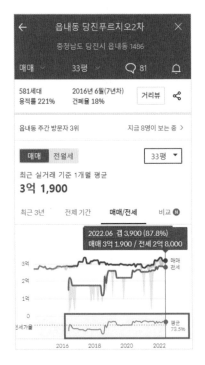

| 호갱노노를 통해 살펴본 전세가와 매매가의 차이

는 조금만 돈을 보태면 집을 살 수 있고, 투자자는 전세를 끼고 사면 투자금을 최소화할 수 있으니까요.

알고 나면 무섭지 않은
부동산 세금

　부동산 투자를 경험해보지 않은 초심자 중에는 부동산을 한두 채만 소유해도 마치 몇천만 원에 달하는 세금 폭탄을 맞을까 봐 두려워하는 이들이 있습니다. 이 두려움 때문에 부자가 될 기회를 놓치고 있다는 게 그저 안타깝습니다. 저는 그러한 분위기를 조성한 원인을 미디어에서 찾는데, 그도 그럴 것이 평소 부동산 투자를 해보지 않았거나 관심이 없는 사람들이 부동산 소식을 주로 접하는 데가 바로 신문이나 뉴스이기 때문입니다. 미디어는 부동산으로 부자가 된 사람들은 절대로 다루지 않는 곳입니다.

　여러분도 한번 찾아보시기 바랍니다. 미디어에서 얘기하는 재산세, 양도소득세, 각종 세금의 계산 기준이 어디를 향하고 있는지 말입니다. 보통은 수도권에 있는 수십억을 호가하는 아파트가 대상인 경우가 많고, 집을 여러 채 가지고 있는 임대사업자들을 사례로 들 때가 대부분입니다. 여러분들이 투자하고자 하는 부동산이 고가주택이고, 현재 다주택자라면 참고해야 할 얘기들이겠지만, 이 책을 읽으시는 분들 대부분은 (아직) 그렇지 않을 것이기에 두려워할 이유가 없습니다.

오히려 지금 여러분의 상황에서 부동산을 투자했을 때 적용되는 세금이 얼마인지를 한번 계산해보시길 권합니다. 막상 계산해놓고 보면, 부담되지 않는 비용이 세금으로 나올 확률이 높습니다.

이번에는 부동산을 취득할 때의 세금과 보유할 때의 세금을 나눠서 살펴보겠습니다.

(1) 부동산을 취득할 때

취득세표   출처: 부동산계산기.com

	법인		법인
	조정대상지역	비조정대상지역	
1주택	1~3%	1~3%	
2주택	8%	1~3%	12%
3주택	12%	8%	
4주택 이상	12%	12%	

위 표는 2020년 7월 10일에 개정된 취득세율표입니다. 그전에는 조정지역과 비조정지역 구분 없이 취득세는 매입가에 따라 1~3%를 적용받았었지만, 2020년 7월 10일부로 조정지역 여부에 따라, 세대가 보유한 주택수에 근거해 취득세 중과를 적용받게 되었습니다.

이해를 돕기 위해 예를 들어보겠습니다. 여러분이 2주택을 보유하고 있는데, 추가로 규제지역에 위치한 아파트를 매수한다고 가정하겠습니다. 그렇게 되면 '3주택 + 조정대상지역' 취득세를 적용받아, 매입가의 12%를 취득세로 내야 합니다. 매입가가 10억 원이라면 취득세만 1.2억 원(지방세 400만 원까지 하면 1.24억 원)을 납부해야 합니다. 만일 세 번째 주택이 비규제지역이라면, 12%가 아닌 8%의 취득세를 적용받습니다.(취득세의 산정 기준은 '인별'이 아닌 '세대별' 합산임을 주의하시기 바랍니다. 즉, 부모님과 살고 있을 경우, 부모님이 다주택자이면 나도 다주택자인 것입니다.)

요약하자면, 기존에 보유한 주택이 어느 지역에 있는지는 전혀 중요하지 않지만, 새로 취득하는 부동산이 규제지역에 묶여 있는가에 따라 세율이 나눠진다는 것입니다. 물론 네 번째 주택을 소유하게 된 이후부터는 12%로 일괄 적용됩니다. 이 표에 나오지 않은 예외 사항으로는 법인, 공시지가 1억 원 이하 주택, 오피스텔이 있습니다.

공시지가 1억 원 이하 주택(오피스텔 포함)은 취득세가 무조건 1.1%로 적용됩니다. (다주택이거나 규제지역 여부와 상관 없습니다.) 또한 취득세 계산 시 공시지가 1억 원 이하 주택은 합산에서 배제됩니다.

즉, 공시지가 1억 원 이하 주택 10채를 보유하고 있어도 10채 모두 취득세 1.1%가 적용되고, 취득세에선 10채 모두 주택수에서 배제되니, 11번째 주택으로 규제지역 아파트를 사도 1~3% 취득세가 적용됩니다. (단, 공시지가 1억 원 이하는 취득세에서만 주택수 합산에서 배제되며 양도세, 재산세 계산 시에는 모두 주택수에 포함됩니다.)

오피스텔은 무조건 4.6%의 취득세를 적용받습니다. (다주택이거나 규제지역 여부와 상관 없습니다.) 단, 주택수에는 포함됩니다. 예를 들어, 오피스텔 3채를 소유하고 있는 세대에서 공시지가 1억 원 이상 아파트를 매수하면 4주택으로 간주되어 12%의 취득세를 납부하게 됩니다.

법인일 경우 주택수와 규제지역 여부에 상관없이 첫 주택부터 취득세 12%가 중과됩니다. (원안대로 공시지가 1억 원 이하는 1.1%, 오피스텔은 4.6%가 적용됩니다.)

마지막으로 정리하자면, 공시가격 1억 원 이하 주택은 투자 목적성으로 보기 어렵고 침체된 지역일 수 있기에 주택수에서 제외되며, 주택수와 상관없이 취득세는 1.1%로 적용한다는 특별 조항이 있습니다. 이 조항과 오피스텔 고정세율 4.6%를 잘 이용하면 취득세 중과 없이 다주택자 포지션으로 갈 수 있습니다.

참고로 공시지가는 국토부 공시가격 알리미(realtyprice.kr)에서 확인 가능합니다.

[2] 부동산을 보유할 때

a. 재산세

보유세에는 크게 재산세와 종합부동산세(줄여서 종부세)가 있습니다. 다음 표는 바로 '재산세 기준표'입니다. 대략 보셔도 눈에 들어오겠지만, 재산세 자체는 전혀 부담이 되지 않습니다.

예를 들어, 8억 원의 아파트를 1채 소유하고 있고, 이 아파트의 공시지가가 6억 원이라면 1년간 나오는 재산세는 126만 원 수준입니다. 8억 원에서 126만 원이면 시세 대비 0.001% 수준의 재산세이니 부담이 크지 않다고 할 수 있습니다. 재산세가 많이 나올까 걱정하는 다주택자는 없습니다.

재산세 기준표   출처: 부동산계산기.com

과세대상	과제표준	세율	
		일반	9억 원 이하 1세대1주택 특례
주택	6천만 원 이하	0.1%	0.05%
	1억 5천만 원 이하	6만 원+6천만 원 초과금액의 0.15%	3만 원+6천만 원 초과금액의 0.1%
	3억 원 이하	19만 5천 원+1.5억 원 초과금액의 0.25%	12만 원+1.5억 원 초과금액의 0.2%
	3억 원 초과	57만 원+3억 원 초과금액의 0.4%	42만 원+3억 원 초과금액의 0.35%

문제는 종합부동산세입니다. 재산세 외에 추가적으로 보유한 부동산의 공시가격을 모두 더했을 때, 합산 공시지가 6억 원 이상

이 되면 종부세가 나오기 시작합니다. 재산세와 종부세가 동시에 적용되어 나오기에 이중과세라는 의견도 있습니다. 이 종부세가 한 번 나오기 시작하면, 금액대가 낮은 물건을 사도 그 또한 종부세에 합산되기에, 다주택자의 투자수익률에 악영향을 미치게 됩니다.

마찬가지로 재산세와 종부세 계산은 부동산계산기.com에서 가능하며, 종합부동산세율표는 아래와 같습니다.

종합부동산세율표

출처: 부동산계산기.com

과세표준	주택분 종합부동산세 세율		다주택자 중과제도 폐지 및 세율 인하
	2주택 이하	3주택 이상*	현행
3억 원 이하	0.6%	1.2%	0.5%
3억 원 초과 ~ 6억 원 이하	0.8%	1.6%	0.7%
6억 원 초과 ~ 12억 원 이하	1.2%	2.2%	1.0%
12억 원 초과 ~ 25억 원 이하	1.6%	3.6%	1.3%
25억 원 초과 ~ 50억 원 이하			1.5%
50억 원 초과 ~ 94억 원 이하	2.2%	5.0%	2.0%
94억 원 초과	3.0%	6.0%	2.7%
법인	3.0%	6.0%	2.7%

* 조정대상지역 2주택 포함

규제지역 내 공시지가 6억 원인 부동산을 1채가 아닌 2채가 보유하고 있다고 가정했을 때 종부세와 재산세를 계산해보겠습니다.

2주택자일 경우 재산세 계산 예시

	적요	금액	비고
1	자산1 - 공시지가	6000,000,000	입력값
2	자산1 - 과세표준	360,000,000	재산세 공정시장가액비율 60% 적용
3	**자산1 - 재산세**	**810,000**	**570,000+3억원 초과금액의 0.4%**
4	**자산1 - 도시지역분**	**504,000**	**과세표준액의 0.14%**
5	자산1 - 지방교육세	162,000	재산세액의 20%
6	**자산1 - 납부액**	**1,476,000**	**재산세+지방교육세+도시지역분**

앞서 계산했던 공시지가 6억 원의 재산세(126만 원)는 1주택자이기에 공제가 있었고, 2주택이 되면서 공제가 빠졌기에 2주택자일 때 공시지가 6억 원 아파트 1채당 재산세가 147만 원이 나옵니다. 종부세는 6억 원까지는 공제되므로 그 이상 초과되는 6억 원에 대해서 계산이 들어가며, 자세한 산식은 아래를 참조해주시면 됩니다.

2주택자일 경우 종부세 계산 예시

	적요	금액	비고
1	공시가격합산	1,200,000,000	입력값 한계
2	종부세 공격가격	600,000,000	1세대 1주택 초과로 공제가격 6억 원
3	종부세 과세표준	570,000,000	(공시가격합 - 공제금액) × 공정시강가액비율 95%
4	종합부동산세	7,920,000	3억~6억 원 세율 1.6%, 누진공제액 120만 원('21 세율)
5	재산세 중복분	984,960	1,62,000 × 1,368,000 / 2,250,000
6	**중복분 차감후**	**6,935,040**	**재산세 중복분(984,960) 차감 후**
7	농어촌특별세	1,387,008	종합부동산세의 20%
8	**종부세 합산금액**	**8,322,048**	**종합부동산세 + 농어촌특별세**
9	**총 납부액**	**11,274,048**	**재산세 + 지방교육세 + 도시지역분 + 종부세 + 농어촌특별세**

결과적으로 공시지가 6억 원 아파트 2채를 가지고 있으면 재산세와 종부세 합쳐서 450만 원정도가 나오게 됩니다. (참고로 2021년까지만 해도, 공정시장가액 비율이 95%이고, 종부세율도 2배정도 높았기에, 종부세가 2배 이상 더 나왔었는데 2022년도에 개정하여 절반 이상 낮아졌습니다.)

b. 양도세

양도세도 마찬가지로 부동산계산기.com에서 계산이 가능하며, 다음 표는 양도세율표입니다.

양도세율표   출처: 부동산계산기.com

과세표준	세율	누진공제
1200만 원 이하	6%	-
1200만 원 초과 4600만 원 이하	15%	108만 원
4600만 원 초과 8800만 원 이하	24%	522만 원
8800만 원 초과 1억5천만 원 이하	35%	1,490만 원
1억 5천만 원 초과 3억 원 이하	38%	1,940만 원
3억 원 초과 5억 원 이하	40%	2,540만 원
5억 원 초과	42%	3,540만 원
10억 원 초과	45%	6,540만 원

실제로 부동산계산기.com을 통해 앞서 살펴본 규제지역 내 시세 8억 원 아파트(공시지가 6억 원) 2채를 갖고 있는 세대원이, 1개의 주택을 2년 뒤에 매도했을 때 얼마만큼의 세금이 나오는지 알아보겠습니다. 편의상 매입가는 6억 원으로 잡았습니다. 즉, 양도

차익은 2억(매도가 8억 원-매입가 6억 원)입니다. 필요 경비로 중개료 300만 원을 잡았습니다.

| 부동산계산기.com을 통해 양도세 계산하는 방법

양도세 계산 예시

	적요	금액	비고
1	취득가액	600,000,000	입력값
2	취득일자	2020-01-01	입력값
3	양도가액	800,000,000	입력값
4	양도일자	2022-01-02	입력값
5	1주택일자	2020-01-01	기본값
6	필요경비	3,000,000	입력값
7	양도차익	197,000,000	양도가액 - (취득가액 + 필요경비)
8	보유기간	2년 0개월	취득일자로부터 양도일자
9	**과세표준**	**194,410,000**	**양도차익 - 공제액(인별공제 적용)**
10	양도소득세율	58%	조정대상지역 2주택자 20%가산
11	**양도소득세**	**93,410,000**	**과세표준 × 세율(58%) - 누진공제액** (19,400,000)
12	지방소득세	9,341,000	양도소득세의 10%
13	**총 납부금액**	**102,751,000**	**양도소득세 + 지방소득세**

규제지역 내 2주택자 기준으로 양도차익이 2억 원일 때, 300만 원 비용 및 250만 원 기본공제를 제외하고, 나오는 세금은 거의 절반인 1억 200만 원가량입니다. 규제지역 2주택자이기에 20%가 가산되었고, 누진 공제액 1,940만 원을 제외하고 양도세 58%가 되어, 세금이 커지게 되었습니다.

만일 여러분들이 3주택자 이상의 다주택자라면, 집을 파는 순서도 절세 측면에서 굉장히 중요해질 수 있기에, 심도 있는 세무 상담을 받아보시길 권장합니다. 부동산계산기.com의 계산식을 세무사님들이 올려놓으셨지만, 계산식에 대입이 어려운 경우 세무 상담을 통해 조금 더 절세할 방법이 없는지 조언을 구할 수 있습니다.

부동산계산기.com의 양도세 파트 하단에도 방문 상담이 가능한 세무사를 찾을 수 있으니, 확인 후 본인에게 더 나은 쪽으로 결정하면 됩니다.

참고사항

❶ 양도소득세 과세 기준표

과세표준	세율	
1200만원 이하	6%	-
1200만원 초과 4600만원 이하	15%	108
4600만원 초과 8800만원 이하	24%	522
8800만원 초과 1억5천만원 이하	35%	1,49
1억5천만원 초과 3억원 이하	38%	1,94
3억원 초과 5억원 이하	40%	2,54
5억원 초과	42%	3,54
10억원 초과	45%	6,54

검수) 부동산세금 전문 강동균 세무사

전문세무사에게 세무상담 받기
양도세 · 증여세 · 상속세 · 현물출자 · 절세상담

| 양도세 세금 상담

다주택자도 취득세 중과를 피할 수 있다

규제지역에서 공시지가 1억 원이 넘는 아파트와 빌라의 취득세 중과를 피할 수 있는 대상은 무주택자이거나, 공시지가 1억 원 이하(주택수 합산 배제) 부동산만 소유한 사람이면 가능합니다. 따라서, 이미 다주택자이신 분들이면 취득세 중과를 피하기 위해 공시지가 1억 원 이하 부동산 또는 오피스텔에 투자하셔야 합니다.

무주택자로 규제지역 내 1억 원이 넘는 아파트에 투자할 계획이라면 해당 주택을 가장 먼저 취득하시고, 두 번째 주택은 1억 원 이하를 보시던가, 아니면 (금액 상관 없이) 비규제지역 아파트에 투자하면 취득세 1~3%가 적용됩니다. 주거용 오피스텔을 볼 수도 있겠지요.

다만, 오피스텔과 공시지가 1억 원 이하 주택의 가장 큰 차이점은 오피스텔은 주택수에는 들어가는 반면, 1억 원 이하 주택은 주택수에 합산이 안 된다는 것입니다. 예를 들어, 오피스텔을 3채 매수했는데 4번째 아파트를 취득하면 4주택자로 아파트는 취득세 12%가 적용되는 반면, 공시지가 1억 이하 아파트 3채면 취득세에서는 여전히 무주택자로 보기 때문에, 규제지역 아파트를 4번째로 취득해도 기본세율 1~3%를 적용받습니다.

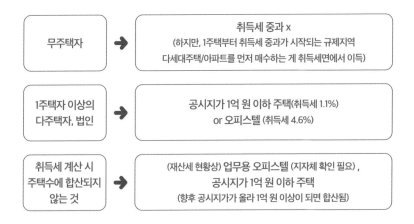

다주택자도 종합부동산세
중과를 피할 수 있다

(1) 명의를 분산하자

다행히 종부세는 세대별 과세가 아닌 인별 과세이기 때문에 명
의자가 소유 중인 부동산 공시지가를 합산합니다. 예를 들어, A와
B는 부부관계이고 A 명의로만 부동산이 3채가 있어서 종부세가 나
온다면, 새로 취득하는 부동산을 B 명의로 하면 됩니다. 그럼 B가
종부세를 계산할 때, 새로 취득하는 부동산만 보면 됩니다. 참고로,
종부세만 인별 과세이고 취득세와 양도세는 세대별 합산이기에, 총
4채에 관한 중과가 적용되니 참고하시길 바랍니다.

(2) 주택임대사업자 혜택을 기다려보자

2020년 7월 10일 주택임대사업자 혜택이 축소된 내용 중에 '종합부동산세 합산배제'가 삭제되었습니다. 원래 아파트를 주택임대사업자로 등록해서 8년간 (현재는 10년) 임대를 주면 일부 세금 혜택(재산세 감면, 종부세 합산배제, 양도세 감면)이 있었는데, 이중 종부세 합산배제를 없앤 것입니다.

그러나 2022년 3월에 당선된 윤석열 대통령의 공약 중 하나가 소형 오피스텔과 아파트(전용면적 60㎡ 이하)에 대해 주택임대사업자를 등록하면 양도세 중과배제, 종부세 합산배제를 적용해준다는 정책이 있습니다. 책을 쓰는 시점(2022년 5월)에는 아직 발효되지 않았지만, 대통령 공약이었던 만큼 이른 시일 내에 시작하지 않을까 조심스레 예상해봅니다. 그렇게 된다면, 다주택자 포지션에 있어서 소형 주택에 대한 세금 부담이 확연히 줄게 될 겁니다.

(3) 오피스텔에 투자하자

또 하나의 방법으로 주거용과 업무용의 성격을 모두 지닌 오피스텔에 투자하는 것입니다. 양도세(국세)에서 주택인지 아닌지를 '전입신고'로 판단하는 반면, 재산세와 종부세(지방세)에서는 '전입신고' 기준이 아닌, 구청에서 재산세를 상가분으로 부과하는지 주택분으로 부과하는지에 따라 재산세/종부세/취득세에서의 주택수 합산여부가 달라지게 됩니다.

재산세가 주택으로 나오고 있다면?
⇒ 종부세 부과 + 취득세 계산 시 주택수 포함

재산세가 상가분(토지+건물)으로 나오고 있다면?
⇒ 종부세X, 상가분 재산세 부과(얼마 안 비쌈), 취득세 계산 시 주택수 포함X

위 차이를 보시면 아시겠지만, 다주택자 포지션으로 가려 한다면 당연히 재산세가 상가분으로 나와야 이득입니다. 하지만 아래 두 가지 경우는 무조건 주택으로 재산세가 부과되니 참고하셨으면 좋겠습니다.

첫 번째는 앞서 언급했던 '주택임대사업자 등록'을 하는 경우이고(그렇기에 주택임대사업자 등록하려면 종부세 합산배제를 해주는 대통령 공약이 실행된 이후에 등록하기를 권장합니다), 두 번째는 관할구청에 재산세 변동 신고를 한 경우입니다. 새로 매입하려는 오피스텔의 매도자가 재산세 변동 신고를 통해 주택으로 변경했는지 관할구청에 문의해서 확인해야 합니다. 그래야 새로 매입한 오피스텔이 종부세에 추가될지 아닐지 분명하게 알 수 있습니다.

위 내용이 조금 헷갈리고 어려울 수 있는데, 가장 정확하게 파악

| 분당구 재산세 담당자 연락처

하려면 관할구청 사이트에서 재산세 담당자(주무관)에게 전화하면
됩니다. (구청 사이트 ⇒ 조직도 ⇒ 세무과 ⇒ 재산세팀에 들어가시면 있
습니다.)

양도세 중과가 없는
지방 아파트에 투자하라

이 책을 읽는 독자들은 결국 부동산 투자로 돈을 벌려고 하는 분들입니다. 그렇기에 다주택자가 되려는 꿈을 꿀 것이고, 이것은 아주 자연스러운 현상이며 저는 그게 부자가 되는 방법이라 내내 말씀드렸습니다. 하지만 세금은 역시나 무섭습니다. 앞서 저는 취득세 중과를 피하면서 투자하는 법과 종합부동산세 폭탄을 피하는 법에 대해 알려드렸는데, 이번에는 양도세 중과를 받지 않고 투자하는 방법 두 가지를 설명하고자 합니다.

첫 번째 "수도권, 광역시, 세종시를 제외한 공시지가 3억 원 이하 주택의 양도는 중과에서 배제한다"라는 세법을 이용하는 것입니다. 또한 수도권 내에 있어도 읍·면에 해당하는 지역도 양도세 중과에서 배제됩니다. 예를 들어, 경기도 남양주시 화도읍에 있는 공시지가 2억 원의 빌라를 매도할 경우, 경기도(수도권) 내에 있더라도 읍·면에 해당되기 때문에 다주택자일지라도 양도세 중과에서 면제가 됩니다. (위 조건에 해당되지 않는 지역/금액 - 공시지가 3억 원 이상 - 의 부동산을 양도했을 때, 2주택자는 기본세율 + 20%, 3주택자는 기본세율 + 30% 양도세를 각각 중과합니다.)

두 번째, 부부공동명의를 이용합니다. 앞서 규제지역 내에서 6억 원에 취득한 아파트를 2년 뒤 8억 원에 매도했을 때, 양도세가 1억 원이 조금 넘게 나온다고 말씀드렸습니다(p.244 참고). 하지만 이 부동산이 개인 명의가 아닌 부부공동명의면 세금이 어떻게 달라질까요?

부부공동명의로 할 경우 양도세 계산 예시

	적요	금액	비고
1	취득가액	300,000,000	취득가액 × 지분비율 50%
2	취득일자	2020-01-01	입력값
3	양도가액	400,000,000	양도가액 × 지분비율 50%
4	양도일자	2022-01-02	입력값
5	1주택일자	2020-01-01	기본값
6	필요경비	3,000,000	입력값
7	양도차익	97,000,000	양도가액 - (취득가액 + 필요경비)
8	보유기간	2년 0개월	취득일자로부터 양도일자
9	**과세표준**	**94,500,000**	**양도차익 - 공제액(인별공제 적용)**
10	양도소득세율	58%	조정대상지역 2주택자 20%가산

11	양도소득세	37,075,000	과세표준 × 세율(55%) - 누진공제액 (14,900,000)
12	지방소득세	3,707,500	양도소득세의 10%
13	**총 납부금액**	**40,782,500**	**양도소득세 + 지방소득세**

위 표에 나타난 것처럼 1명당 4,000만 원으로, 총 8,000만 원 정도로 계산됩니다. 2,000만 원가량이 절세되었습니다. 그 이유는 과세표준이 1인 명의였을 땐 2억 원이었지만, 공동명의로 되면서 각각 1억 원으로 변경되었습니다. 기본공제와 세율구간이 낮아지는 효과(58% ⇒ 55%)가 있기 때문입니다.

PART 6

아무도 알려주지 않는
임장 노하우와
인테리어 꿀팁

쓸데없는 매물을 가려내는 법

　여러분이 살펴보고자 하는 매물이 특정 아파트 단지의 특정 평수로 정해져 있으면 문제가 되지 않겠지만, 오피스텔이나 빌라처럼 단지보다는 '가격에 맞춰서' 계약하고자 하는 부동산이라면, 임장할 때 시간을 낭비하지 않도록 조심해야 합니다.

　여러분이 원하는 부동산 조건을 애매하게 얘기할수록 일부 공인중개사들은 그 부분을 비집고 들어와 계약할 때까지 반복해서 매물을 보여줄 수 있습니다. 또한, 예약한 매물을 보여주기 전에 다른 매물을 권장하는 공인중개사와는 되도록 관계를 이어가지 않고 빨리 빠져나오는 게 좋습니다. 제 경험상 그럴 때는 애당초 네이버 부동산에 저렴하게 올린 매물은 허위매물일 확률이 높고, 뒤이어

보여주는 매물들도 그리 좋았던 기억이 없습니다.

다음 상황들을 꼭 숙지한 후 임장을 가야 합니다.

① 실거주할 경우 직장과의 거리를 확인하기(○○역에서 도보 ××분 이내, 버스를 타고 ××분 소요 등 구체적으로 알아두기)

② 원하는 금액대를 분명하게 제시하기(가령 전세 2억 원 이하, 월세 보증금 3,000만 원, 월세 60만 원 이하)

③ 방과 화장실 개수 확인하기

④ 옵션 여부 확인하기(계약 시 에어컨, 세탁기, 냉장고, 커튼, 도배 등 지원 가능 여부)

⑤ 입주 가능 날짜 확인하기

⑥ 빌라, 오피스텔, 아파트 등 찾고 있는 매물의 유형을 정확하게 말하기

⑦ 계약 전 건축물 대장을 확인해서 "위반건축물"에 등재되어 있지는 않은지, 다세대 주택(빌라)인 줄 알았는데 오피스텔로 되어 있지는 않은지 확인하기

부동산 급매물을
찾는 방법

부동산 매물 대부분은 네이버부동산에 올라와 있지만, 일부 급매로 나온 것들은 공인중개사들이 일부러 공개하지 않고, 장부에만 기재해놓는 경우가 있습니다. 굳이 홍보하지 않아도 언제든 거래될 수 있는 물건이기 때문이죠. 공인중개사로서는 단독매물로 중개해야 매도자와 매수자 양쪽에서 중개비를 받을 수 있기 때문에, 급매는 누구나 접근하고 볼 수 있는 곳에 잘 올리지 않습니다. (매수자가 다른 공인중개사를 데려오면 중개료를 나눠야 하는 일도 생기니까요.)

그렇다면 부동산을 사거나 찾는 사람으로서 저렴하게 나온 매물을 보려면 어떻게 해야 할까요? 일단은 네이버부동산을 통해 해당 단지의 매물을 보유하고 있는 공인중개사에게 연락을 취하고,

매물을 보고 싶다며 임장 날짜를 조율합니다. 그렇게 물건을 보고 난 뒤, 혹시 네이버부동산에 올리지 않은 급매로 나온 매물이 있는지 물어보세요. 이렇게 하면 실제 매물도 살펴보고, 급매로 나온 매물 여부도 파악할 수 있습니다.

주의하실 점은 편하게 전화로만 물어보면 급매가 있어도 없다고 하는 경우가 더러 있습니다. 그러니 손품만 팔려고 하기보단 직접 현장에 방문하는 수고를 보여야 급매에 대한 정보를 들을 수 있습니다. 그 정도 발품은 아끼지 말아야 합니다.

물론, 모든 급매가 장부에만 숨겨져 있는 것은 아닙니다. 네이버부동산에 나와 있는 매물의 가격, 계약조건, 인테리어 여부, 세입자 전입 여부 등에 따라 급매인지 판단할 수도 있습니다. 예를 들어보겠습니다. 다음 이미지는 석수두산위브의 전용면적 157㎡ 매물 중 가

| 급매로 나온 매물 예시

격이 낮은 순으로 정렬한 것입니다. 빨간색으로 표시한 매물을 보면, 고층(13억 원)인데도 4층 매물(13억 9천만 원)보다 매매가가 낮게 형성되어 있습니다. 고층이라면 최소 10층 이상일 텐데, 4층보다 낮은 매매가라면 급매일 확률이 높아 보입니다. 저라면 이 매물을 가진 부동산에 연락해 집 내부를 보고, 혹시 이보다 더 급매로 나온 게 있는지 알아볼 것 같습니다.

이런 급매일 때는 보통 집주인이 세금 문제나 개인 사정으로 급하게 집을 팔아야 하는 경우가 대부분이기에 가격 조율도 잘되는 편입니다. 다만 무작정 깎으려고 하지 말고, 상대가 원하는 바를 들어주는 방향으로 협상해야 합니다. 가령 잔금 일정을 당겨주거나 계약조건에 중도금 넣기 등을 제시하면서 말입니다.

손품과 발품으로
시세를 파악하라

시세 파악은 부동산 조사의 가장 기본적이고 핵심적인 요소입니다. 아파트는 실거래가 워낙 명확하게 나타나 있으니 어렵지 않다고 생각하실 수 있는데, 꼭 그렇지 않습니다. 같은 아파트여도 방향이나 동에 따라 선호도가 다르고, 가격도 달라집니다. 또한 리모델링이 된 집인지 아닌지에 따라, 공실인지 세입자가 살고 있는지에 따라서도 가격에 영향을 줍니다. 국토부 실거래에는 이런 요인들이 기재되어 있지 않고, 오로지 거래된 가격에서만 이 부분들이 반영됩니다.

이처럼 가격을 변화시키는 요인을 품은 매물을 찾으려면, 그러한 거래를 성사시킨 적이 있는 공인중개사를 찾아야 합니다. 다행인 건 아파트는 주로 단지 내 공인중개사들이 거래하기 때문에 찾아가 물어보면 됩니다. 시세 파악이 명확하게 되어야 매수할 때 혹은 매도할 때 적정가를 판단할 수 있습니다.

'아직도 잘 모르겠다!'라는 생각이 든다면, 지금 나온 매물 중 가장 저렴하게 나온 매물 위주로 살펴보세요. 그리고 같은 건물에서 더 선호되는 층이나 방향, 동에 있는 매물의 매매가는 어떻게 형성되어 있는지 살펴보세요. 실거래가는 이제껏 소개해드렸던 부동산 플랫폼인 호갱노노, 아실, 네이버부동산을 통해 충분히 확인할 수 있습니다.

공인중개사에게 문의하려고 해도, 동네 시세를 대략이나마 알고 있어야 대화가 되니 꼭 손품을 팔아 조사해보시기 바랍니다. 그래야 공인중개사도 '이 동네에 관해 좀 아는 사람이네?'라며 유익한 정보를 더 알려줄 겁니다. 다음은 시세 파악을 위해 제가 자주 활용하는 사이트입니다.

(1) 씨리얼 실거래 공개시스템(SEE:REAL, seereal.lh.or.kr)

씨리얼은 LH 한국토지공사가 운영하는 실거래 기반 정보 사이트로 부동산과 관련된 여러 정보를 확인할 수 있습니다. 저는 주로 해당 주소지의 실거래 가격을 확인하기 위해 이용합니다. 해당 정보에 접근하려면 먼저 씨리얼에 접속한 뒤 '씨리얼 지도 ⇒ 부동산

| 씨리얼 메인 페이지와 검색 페이지

종합정보'를 클릭하면 다음과 같은 창이 뜹니다.

위 이미지처럼 창이 뜨면 실거래가를 보고 싶은 지역의 주소지를 검색합니다. 그럼 지도에 해당 위치가 찍히는데, 그 후에 상세보기를 클릭하면 다음 창이 나타납니다.

'실거래가 정보'를 누른 뒤, 매매 또는 전·월세를 클릭하면 해당 주소지의 모든 실거래가를 거래날짜, 층수, 금액, 면적별로 확인할 수 있습니다.

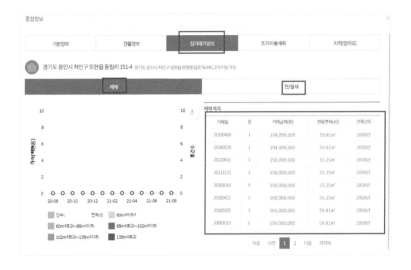

| 씨리얼에서 실거래가정보를 확인하는 법

(2) 국토교통부 실거래 공개시스템(rt.molit.go.kr)

국토교통부에서 운영하는 실거래가 공개시스템도 씨리얼과 마찬가지로 실거래 기반 사이트입니다. 특별한 점은 실거래로 신고된 부동산의 1년 치 매매와 전 · 월세 거래를 엑셀 파일 형식으로 제공합니다. 그렇기에 자유롭게 형태를 변경하여 투자하고자 하는 주소지의 평균 실거래가, 평수 당 평균 매매가 등을 편의에 맞게 계산할 수 있습니다. 단, 최대 기간이 1년이며, 물건 종별(아파트, 오피스텔 등)로 나눠서 다운로드해야 한다는 제한이 있습니다.

사이트에 들어가서 계약 일자를 최근 1년으로 설정하고, 물건 종류를 연립 다세대주택(매매) 또는 연립 다세대주택(전 · 월세)으로

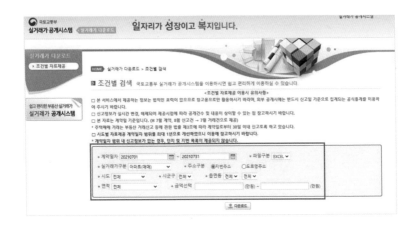

| 국토부 공개시스템 검색 페이지

설정한 후, 지역까지만 설정하면 됩니다. 같은 동네에 비슷한 면적
이나 연식의 물건이 얼마로 거래됐는지 비교하고 분석하기에 유용
합니다.

위와 같은 절차대로 엑셀을 다운로드한 후, 지금 투자 여부를 결
정해야 하는 매물과 가장 비슷한 연식, 평수, 층수를 추려서 평균
가를 매겨 봅니다. 엑셀은 마우스로 숫자를 드래그하면, 선택된 숫
자들의 '평균값'을 하단에 보여줍니다. 예를 들면, 다음 페이지에서
엑셀 파일에 빨간색으로 표시한 부분이 드래그한 부분입니다. 해당
부분의 평균값은 파일 하단에 나온 것처럼 15,736(백만 원 기준으로
1.5억 원)이라고 보면 됩니다.

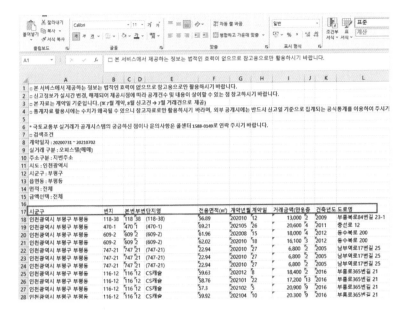

| 국토부 공개시스템에서 다운로드한 파일 예시

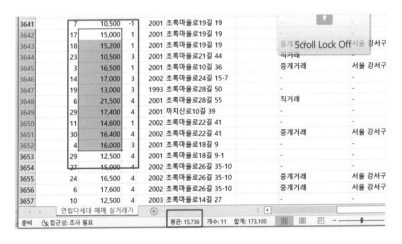

| 국토부 공개시스템의 엑셀 파일에서 평균값을 보는 법

(3) 네이버부동산으로 급매를 찾아라

씨리얼과 국토부 실거래 공개시스템으로 '과거'의 거래를 파악했다면, 이번에는 네이버부동산으로 '현재' 매물이 어떻게 나와 있는지 봐야 할 차례입니다. 단, 네이버부동산은 실거래 기반이 아니라 매도자가 거래하고자 하는 가격에 매물을 내놓았다는 점을 인지하고 살펴보시길 바랍니다.

우선 여러분이 매물을 조사할 때 주의해야 할 점은, 같은 매물이라도 다음과 같은 조건이 추가되면 가격이 낮아진다는 사실입니다.

a. 임대사업자 포괄 양수 매물(임대사업자 의무인 '10년 의무 보유'를 그대로 인수받은 매물)

b. 계약기간이 남은 세입자가 거주하는 매물(통상 월세입자의 보증금은 전세입자보다 낮기에, 월세입자를 끼고 나온 매물은 전세를 낀 매물보다 더 저렴함. 왜냐하면 투자금이 많이 들기 때문)

c. 인테리어 여부(인테리어가 잘되어 있을수록 가격은 올라감)

a, b, c의 조건을 조합해보면 같은 조건일 때 가장 선호도가 높은 매물은 인테리어가 잘되어 있으면서도 공실인 매물입니다. 공실일 경우 내가 실거주로 들어갈 수도 있고, 원하는 조건으로 세입자를 새로 받을 수도 있는 선택지가 있어 가격이 비쌀 수밖에 없습니다. 이러한 사항을 인지한 상태로 네이버부동산을 한번 살펴보겠습

니다. 제가 매수하려는 매물(또는 경매로 보는 물건)의 스펙이 아래와
같다고 가정하겠습니다.

① 연식: 2016년식 다세대주택(빌라)

② 구조: 방 3개, 화장실 2개

③ 평수(전용면적): 19평(62.7㎡)

④ 층수: 5층 중 3층

위 요건으로 급매를 찾는 방법은 어렵지 않습니다. 네이버부동
산에 해당 조건으로 필터를 걸어놓고, 가격 범위를 점차 낮추면서
검색하면 됩니다. 가장 마지막에 남는 매물이 유사한 스펙에서 가
장 저렴한 매물입니다. 또는 가격을 내림차순으로 설정하면 화면에
자동으로 저렴한 매물부터 나타나게 됩니다.

다음 이미지는 제가 임의로 화곡동 일대의 다세대주택을 검색
한 것입니다. 여기서 검색 내용만 보고 '2억 원이 가장 급매구나!'
라고 판단하기엔 아직 이릅니다. 최종적으로는 평수 대비 매매가가
가장 낮은 것이 급매로 나온 것이기에, 지도에 표시되는 매물 중 가
격이 비싸더라도 그것 이상으로 평수가 크다면 급매일 수도 있습
니다.

하지만 이 사례에서는 스크롤을 내려 다른 매물을 살펴봐도, 맨
위쪽에 뜬 매물보다 큰 평수이면서 비슷한 가격대가 없었습니다.
전용면적 50㎡가 넘는 매물은 모두 3억 원 이상을 호가했습니다.

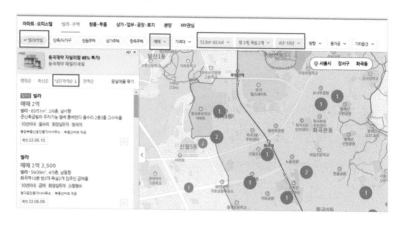

│ 네이버부동산에서 찾은 급매 예시

즉, 맨 위쪽에 있는 매물이 평수도 크면서 가장 싸게 나온 '급매'라고 판단할 수 있습니다.

간혹 일부 공인중개사 중에 좋은 매물을 싸게 등록해놓고 전화가 오게끔 유도하니 조심해야 합니다. 반드시 전화로 연락해서 현재 나와 있는 매물인지, 집 내부를 볼 수 있는지, 공실인지, 인테리어가 되어 있는지를 간략하게 물어 확인해야 합니다. 집 내부를 볼 수 있다면 일정을 조율해서 임장 날짜를 정하는 것도 좋습니다.

(4) 공인중개사를 방문하라

공인중개사무실에 방문할 때는 내가 '투자자'임을 당당히 밝히고, 현재 찾고 있는 부동산의 스펙 사항(연식, 방·화장실 개수, 층고, 인테리어 여부)을 말하면서, 거래 가능한 매물이 있는지를 문의하세요. 동네 분위기나 거래가 잘되고 있는지, 급매라면 해당 매물이 왜 이렇게 싸게 나왔는지를 확인하세요. 매매를 고려한다면 인근의 호재나 개발 계획을 문의할 수도 있습니다.

다시 한번 강조하지만, 부동산 조사에서 시세 조사만큼 중요한 것은 없습니다. 시세를 잘못 파악한다면 최소 1,000만 원 이상을 손해 볼 수 있습니다. 그 어떤 하자 보수 비용보다, 인테리어 비용보다 비싼 값을 치를 수 있음을 기억하세요.

(5) 임장 전 확인해야 할 것들

직접 매물을 찾아가기 전, 헛걸음하지 않도록 다음 사항을 유의해서 살펴야 합니다.

a. 주변 인프라

부동산 주변의 부대시설이나 편의시설을 관찰할 때는 '나'를 중심으로 두지 말고, 어린 자녀가 있는 '부모'라고 생각하면 좋습니다. 우스갯소리 같지만, 자녀를 키우는 어머님이 현장 조사를 가장 잘한다는 말이 있습니다. 성인인 우리가 보기에는 불편해 보이지 않는 것들이 아이들에게는 위험으로 다가올 수 있고 불편한 요소일 수 있습니다. 집을 처음 보러오는 세입자 눈에 굉장히 거슬리는 요소가 될 수 있다는 얘기입니다.

가령 오르막길이나 인도가 없어 차량과 같이 다녀야 하는 길, 관리가 이루어지지 않은 분리수거장, 좁은 주차장 등을 들 수 있습니다. 다음은 제가 부동산을 조사하러 나갈 때 항상 가져가는 체크 리스트입니다. 답사 전에 체크 리스트와 카메라를 꼭 챙겨가세요.

주거용 부동산 현장답사 체크 리스트

사건 번호			
전용 면적			
지역			
	교통	역세권인가? (500m, 700m, 1km)	☐
		대중교통의 접근성은 어떠한가? (버스 정류장, 지하철 역)	☐
	교육	초등학교, 고등학교, 대학교와 가까운가?	☐
	편의시설	병원, 시장, 은행과 가까운가?	☐
입지	조망권	다른 건물에 가려지지 않는가?	☐
		햇빛이 잘 들어오고 통풍이 잘되는가?	☐
	유해시설	쓰레기 소각장이나 유흥가 등이 가까운가?	☐
	건물상태	균열, 곰팡이, 누수가 있는가?(빌라 지하층은 반드시 확인)	☐
		몇 년도에 지어진 건물인가?	☐
	미래전망	개발 가능성이 있는가? (도시계획, 재개발, 지하철 개통 예정, 고속도로 개통 여부)	☐
빌라 공유	주차장	한 가구당 한 대 주차가 가능한가?	☐
	엘리베이터	엘리베이터가 설치되어 있는가?	☐
전유	구조	세탁기, 냉장고를 두는 공간이 어디에 있는가? 충분히 들어갈 만한가?	☐
	주방	수압이 좋은가?	☐
	냉난방 방식	개별 냉난방인가?	☐

시세	공인중개사	매매가는 얼마인가?	☐
		급매가는 얼마인가?	☐
		임대가는 얼마인가? (전세/월세)	☐
	관리소	아파트의 경우 미납관리비는 얼마인가?	☐
		빌라의 경우, 관리하는 사람이 있는가?(있다면 연락처 확인)	☐

memo	
물건의 장점	물건의 단점/ 신경 써서 확인해야 할 사항
-	-
-	-
-	-
-	-

임장을 두려워하지 마세요. 처음 임장할 땐 조금 막연하게 느껴질 수 있지만 경험하다 보면 데이터가 쌓이고 조사 속도가 빨라질 겁니다. 그리고 다른 지역의 물건과도 자연히 비교하는 습관이 들어 부동산을 보는 안목을 키울 수 있습니다.

b. 집 내부 (손상 여부를 사전에 점검하기)

공인중개사가 소개한 매물에 투자하게 된다면, 집 내부를 꼼꼼히 관찰하시고, 임장 시 사진도 구석구석 찍어놓으세요. 다음과 같은 하자가 없는지 꼭 알아보고 투자하셔야 합니다.

① 천장에 물이 샌 자국이 있는지 누수 여부를 확인하기
② 세면대에 물을 가득 받은 뒤, 물이 잘 내려가는지 살펴보며 수도 배관에 이상 여부가 있는지 점검하기
③ 세간살이가 들어온다는 가정 아래 배치할 자리가 충분한지 확인하기

(간혹 주방에 냉장고를 놓을 자리가 없어 맞는 세입자를 찾는데 고생한 경우를 본 적이 있습니다)

④ 도배와 장판 상태 확인하기

⑤ 문 손잡이와 샷시 상태 확인하기

⑥ 주차 공간이 충분한지 살펴보고, 세대별 주차 가능한 대수 알아두기

⑦ 채광과 조망을 살펴보기

⑧ 층간 소음으로 문제가 될 소지가 있는지 확인하기

⑨ 냄새 확인하기

c. 인테리어

부동산은 사람이 거주하는 공간입니다. 그렇기에 공간이 쾌적할수록 가격은 비싸지게 마련입니다. 인테리어가 잘되어 있다는 얘기는 같은 단지 내에서도 내부 컨디션이 좋다는 것을 의미하며, 통상적으로 인테리어 단가의 2배 정도를 전세가 혹은 매매가에 반영해 올려 받을 수 있습니다.

예를 들어, 인테리어 비용에 1,000만 원가량이 들었다고 가정하겠습니다. 인테리어를 전혀 하지 않은 집의 매매가는 2.2억 원이고 전세가는 2억 원가량의 시세를 형성한다고 할 때, 매매가 2.4억 원, 전세가 2.2억 원까지도 받을 수 있습니다. 인테리어를 하기 위해 집을 비워두는 시간과 비용(통상 공실을 만들려면 집주인 돈으로 보증금을 내거나 대출받아야 하기에 부대비용이 발생할 수 있기에), 여러 곳의 견적을 받았을 집주인의 노력을 금액에 반영한다고 보면 됩니다.

게다가 인테리어를 한번 잘해놓으면, 금액이 올라가더라도 집을 찾는 세입자들에게 우선적으로 선택받을 확률이 높습니다. 인테리어를 투자의 개념에서 생각하십시오.

d. 매도자가 집을 파는 이유

마음에 드는 매물이 나타났다면 다음 질문을 꼭 해보시기 바랍니다. "이 집을 파는 이유가 무엇인가요?" 부동산 계약서를 작성하기 전에 이뤄지는 '가격 협상'에서 중요한 협상 카드가 될 수 있습니다.

우리는 평소에 물건을 살 때에도 1000원, 2000원을 아끼려고 인터넷 최저가를 비교하는 노력을 들이는데, 이런 노력이 부동산 투자에도 필요합니다. 집주인이 집을 파는 이유를 알고 만약 그 부분을 우리가 충족시켜줄 수 있다면, 100만 원 단위가 아니라 1000만 원 단위로도 흥정을 할 수 있습니다. (당연히 무작정 깎아 달라고 하면 퇴짜맞기 일쑤이니 조심합시다.)

실제로 저의 수강생 중에는 1억 원의 급전을 2주 안에 마련해야 하는 집주인과 가격 협상을 진행해서 3.5억 원이던 아파트(당시 시세 3.6억 원)를 3.4억 원까지 낮춰 성사한 사례가 있습니다. 세입자들은 보통 집을 볼 때 이사 날짜까지 2~3달 남기고 보러 다니는데, 수강생이 매입하려는 아파트의 집주인은 2주 안에 목돈 1억 원을 마련해야 하는 상황에 놓여 전전긍긍하고 있었습니다.

수강생은 모아놓은 투자금 6,000만 원과 마이너스통장 4,000만 원을 활용하고 나머지는 담보대출을 이용할 계획이었기에, 계약금 10%(3,500만 원)와 중도금(6,500만 원)을 일주일 간격으로 잡아주는 조건을 내걸었습니다. 그리고 매매가에서 1,000만 원을 깎았습니다. (계약금을 1억 원으로 하지 않은 것은, 매도자 측에서 계약 파기를 못하게 하기 위해 중도금 명목으로 일부 금액을 배정했기 때문입니다.)

매도자 측에서는 연신 감사하다는 인사를 건넸고, 수강생도 시세 대비 2,000만 원 정도 싸게 매물을 매수했기에, 그야말로 '꿩 먹고 알 먹는 거래'였습니다.

TIP 매매 계약 시 알고 있어야 하는 사항

• 계약금(매매가의 10%)을 받은 뒤 계약을 파기할 경우, 매도자 측에서 파기하면 '계약금×2배'를 배상하고 매수인 측에서 파기하면 계약금이 몰수됩니다.
• 중도금 납입 후에는 계약 파기가 법적으로 불가합니다.

e. 단지 내 선호도 조사

같은 단지라고 해도 모든 동의 가격이 동일한 것은 아닙니다. 제가 두 번째로 살았던 곳은 총 8개의 동으로 이루어진 단지였는데, 그중 2개 동은 방과 거실 창문이 공원 쪽을 향하고 있었고, 나머지 6개 동은 도로 쪽을 바라보고 있었습니다. 심지어 도로 주변은 공사장에서 나오는 소음과 먼지로 가득했습니다.

공원을 향한 2개 동과 도로를 마주한 6개 동의 가격에는 상당한 차이가 있었습니다. 동일 평수에 동일 층의 차이는 약 1억 원에 이르렀습니다(가장 큰 평수 기준). 많은 분들이 단지 전체의 시세를 한 번에 묶어서 조사하는 경우가 있는데, 동마다 선호도가 다를 수 있으니 이 부분을 염두에 두어야 합니다.

f. 로드뷰로 미리 살피는 동네 분위기

사실 요즘은 지도나 위성 사진을 볼 수 있는 앱 기능이 다양하게 발달해 굳이 현장에 가보지 않더라도 집 주변을 조사할 방법이 많아졌습니다. 카카오맵과 네이버지도의 로드맵을 통해 주변의 길거리나 동네 분위기를 살짝 엿볼 수 있습니다. 물론 이는 간접 체험이니 직접 체험하는 현장 임장과는 여전히 차이가 있습니다.

로드뷰에 나오는 길거리는 당장 어제오늘 촬영된 것이 아니라, 길게는 1년 전, 2년 전의 모습인 경우가 많다는 점을 감안해야 합니다. 또한 경사의 정도를 파악하기 쉽지 않고, 차량으로 거리를 촬영하기에 차가 통행할 수 없는 골목길이나 사람이 다니는 인도의 모습은 거의 제공되지 않습니다.

이러한 사항은 부동산 가격과 미래가치를 판단하는 데 영향을 미칠 수 있기에, 모니터에 앉아 편하게 손품만 팔기보단 임장을 나가야 합니다. 임장은 절대 생략해서는 안 됩니다. 직접 눈으로 보면 투자 여부를 좀 더 확실히 결정할 수 있으리라 장담합니다. 로드뷰는 가기 전에 점검할 사항이 더 있는지 검토하는 선에서 참고해야 합니다.

카카오맵과 네이버지도, 이 두 개의 플랫폼 각각에서 로드뷰를 확인할 수 있는데, 여기에서 동시에 두 곳을 소개하는 이유가 있습니다. 로드뷰를 촬영한 시기가 다르기 때문입니다. 예를 들어, 강남역 주변을 촬영한 카카오맵 로드뷰가 2001년, 2003년, 2005년 이런 형태로 구성되어 있다면, 없는 연도(2004년)를 네이버지도를 통해 보완할 수 있습니다.

카카오맵 이미지에서 빨간색 박스 속 아이콘을 클릭하면 지도상에 파란색 선으로 로드뷰를 제공하는 길목이 활성화됩니다. 마우스를 클릭하면 다음과 같은 화면으로 전환됩니다.

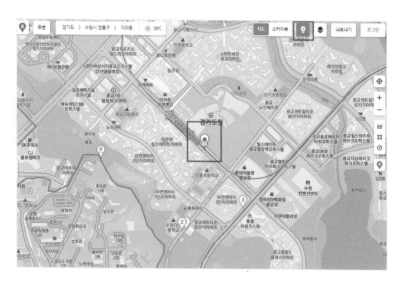

▎ 카카오맵 로드뷰 1

좌측 상단에 가장 최신 날짜로 로드뷰 화면이 제공되고, 클릭하면 과거로 갈 수 있습니다. 날짜 아래 사진에 2011.10 탭을 좌우로 움직이면서 × 표시 좌측 아이콘을 클릭하면, 과거의 모습과 비교할 수도 있습니다. 또한, ◀▶ 표시를 클릭하면 화면을 반으로 분할하여 동시에 과거의 모습과 현재의 모습을 동시에 비교할 수 있습니다.

네이버지도도 비슷한 방식으로 조회할 수 있습니다. 메인 페이지 우측 상단에 빨간색 박스 속 아이콘을 클릭하면, 파란색 선으로 지도가 활성화됩니다. 로드뷰를 보고 싶은 위치를 클릭하면 로드뷰가 제공되며, 중간에 날짜를 클릭하면 과거의 모습도 확인할 수 있

| 과거와 현재의 모습이 분할되어 나타난 카카오맵 로드뷰

습니다.

　낯선 동네로 가는데 아무런 사전 조사나 준비도 없이 가면 막상 현장에서 무엇을 봐야 할지 막막할 수 있습니다. 최소한 카카오맵 과 네이버지도로 분위기만 살펴도 눈에 들어오는 것들이 더 많을 수 있습니다.

네이버지도 로드뷰

g. 이웃 주민과의 인터뷰

임장을 여러 번 가더라도 타지인인 우리가 그곳에 거주하고 있는 주민보다 해당 매물에 대해 잘 알 수는 없습니다. 그래서 저는 매물로 나온 집 내부만 보고 임장을 끝내는 게 아니라, 따로 시간을 내서 이웃 주민들과 대화를 나누려고 노력합니다.

"안녕하세요. 제가 이쪽으로 이사 오려고 알아보는 사람인데요, 혹시 사시는 데 불편한 점이나 집 내부에 문제가 있지는 않나요?"

위와 같이 물어보면 이웃 주민이 될 수도 있기에 대부분 친절하게 설명해주시고, 때론 몰랐던 불편 사항에 대해 알려주시는 경우도 있었습니다. 집에 대한 좋은 점이야 집을 중개해 수수료를 받는 공인중개사가 여러 번 설명해줄 테니, 잘 말해주지 않는 단점에 관해 묻는 것이 좋습니다.

계약서를 쓰고 난 후 뒤늦게 문제점을 파악해 호소해도 계약금을 포기하는 것 외에는 어찌할 도리가 없으니까요. 반드시 계약서를 작성하기 전에 이 모든 조사를 끝내야 합니다. 그래야 발견된 문제들을 바탕으로 매도자와 유리하게 가격을 협상할 수 있습니다.

500만 원 들여
1000만 원을 뽑는 인테리어

부동산 투자를 하는 사람이 반드시 고심해야 하는 것, 바로 인테리어입니다. 저는 수강생들에게 투자용으로 수리가 되지 않은 부동산을 매입했다면, 새로운 세입자를 받기 전에 인테리어 공사를 하라고 적극적으로 권합니다. 인테리어는 '비용'이 아니라 부동산의 가치를 높이는 '투자'의 일환이기 때문입니다.

다음은 제가 경매로 처음 낙찰받은 빌라를 600만 원을 들여 인테리어 시공한 후 비교를 위해 찍어둔 'BEFORE & AFTER 사진'입니다. 단순히 내부 상태가 좋아졌을 뿐만 아니라, 인테리어를 한 덕분에 전세금을 2,000만 원 이상 올려 받을 수 있었습니다. 인테리어가 자산 가치를 상승시켜 준 것입니다. 그렇다면 인테리어를 잘하려면 우선 무엇을 생각해야 할까요?

첫째, 인테리어의 목적을 분명히 정해야 합니다. 여러분이 거주할 집이라면 비용이 들어가더라도 좋은 제품을 선택해 시공하는 것이 맞습니다. 하지만 살 집이 아니라 투자용이라면, 외관상 깔끔하면서도 최소의 비용으로 최대의 효과를 낼 수 있는 방향으로 인테리어를 해야 합니다. 부동산으로 돈을 벌기 위해서는 비용은 낮추고, 수익은 극대화해야 하니까요. 자재를 최고급 한샘으로 했다고 해서, 월세나 전세를 더 받지는 못한다는 걸 생각해보면, 굳이 비싼 자재를 쓸 이유가 없는 것입니다.

인테리어를 시공한 사실 자체가 의미 있는 것이지, 최고급 자재인지 저가의 자재인지는 가격에 중대한 영향을 미치지 않습니다. 오히려 돈을 많이 들였다면 세입자가 거주하는 동안 손상을 입히지는 않는지, 관리를 제대로 하는지 등에 예민해질 따름입니다.

그러니 인테리어의 가장 기본적인 방향을 정한 후 업자에게도 이 점을 반드시 공유해야 합니다. 실거주용이냐 임대용이냐에 따라 들어가는 자재나 품목 자체가 달라질 수 있으니 말입니다.

| 화곡동 빌라의 인테리어 시공 전(왼쪽)과 후(오른쪽)

인테리어를
어디까지 할 것인가?

이제는 어디서부터 어디까지 인테리어를 해야 하는지 생각해볼 차례입니다. 일단 인테리어 시공에는 크게 어떤 항목들이 있는지 살펴보겠습니다.

일반적으로 인테리어는 큰 공사부터 진행합니다. 일반적으로 샷시 교체 ⇒ 화장실 리모델링 ⇒ 싱크대와 신발장 교체 ⇒ 베란다와 신발장 타일 교체 ⇒ 벽지(+조명)+장판 교체 ⇒ 이사 청소 순으로 진행합니다. 물론 공정별로 상태가 양호하다면 생략할 수 있습니다.

투자자 입장에서 비용을 아껴야 하기에, 기본 500만 원 이상 들어가는 샷시 공사는 신중하게 판단해야 합니다. 가격 대비 효율이 큰 공사로는 벽지 도배와 조명 및 장판 교체 작업이니, 이 두 가지는 가급적 진행하길 추천합니다.

인테리어는 단순히 투자용이냐 실거주용이냐에 따라 달라질 뿐 아니라, 해당 지역을 선호하는 수요층의 주 연령대, 건물의 연식에 따라서도 달라집니다. 공인중개사에게 어느 정도 수리를 해야 전·월세와 매매 가격을 올릴 수 있는지 사전에 문의하는 것도 좋습니다. 공인중개사는 해당 지역을 가장 잘 아는 사람이니까요. 수리 전 내부 사진을 구석구석 찍어놓은 후, 주변에서 활동하는 공인중개사에게 자문을 구해보세요. 3~4명의 말을 들어보면 어디까지 수리해야 할지 가닥이 잡힐 겁니다.

인테리어 업자를
찾는 방법

(1) 인테리어 업자가 모여 있는 네이버 카페를 찾자

'인기통(인테리어 기술자 통합 커뮤니티의 약자)'은 전국적으로 인테리어 관련 기술자가 모여 만든 플랫폼입니다. 업자들은 해당 플랫폼에 본인이 작업 가능한 시공을 키워드 알림으로 설정해둡니다. 그래서 게시물을 올릴 때, 제목과 본문에 키워드를 걸어서 업자들에게 알림이 가도록 작성해야 합니다. 키워드로는 도배, 장판, 샷시, 싱크대 등을 들 수 있습니다.

특히 게시물을 올릴 때에는 작업 가능 날짜, 구체적인 시공 내용, 공사를 원하는 곳을 여러 각도에서 촬영한 사진, 공사 후 원하는 AFTER 모습의 예시를 함께 올려둡니다. 이를 확인한 업자들이 쪽지로 견적을 보내올 것입니다.

무조건 견적을 저렴하게 낸 업자에게 문의하기보다 실적(온라인 카페나 블로그를 검색해 시공 경력 확인)이 있는 업자들을 선별하고, 그중에서 낮은 견적가를 부른 업자에게 의뢰하는 게 좋습니다. 최근에는 인테리어 사기도 많아져 각별한 주의가 필요합니다. 명함을 미리 받아 해당 주소지에 업장이 실제로 존재하는지 로드뷰로 확인하면 신뢰가 더 생길 것입니다.

다음 이미지는 제가 살던 집에 설치한 가벽을 세입자 요청으로 철거하게 되어 견적을 받기 위해 올린 글입니다. 글을 올릴 때는 현

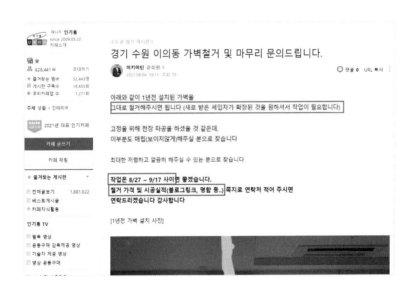

| 인기통에 게시글을 올린 예시

장 사진을 최대한 많이 보내고, 다음 네 가지에 근거하여 글을 올리면 좋습니다.

① **제목 및 본문**: 어떤 시공이 필요한지 강조하기
② **일정 문의**: 작업 가능한 일자와 소요 시기 문의하기
③ **견적 문의**: 시공 방법과 그에 따른 가격, 실적 문의하기
④ **(필요하다면)** 기존에 어떤 방식으로 인테리어가 되어 있는지 설명하기

(2) 인테리어 앱으로 견적을 받아라

우리 같은 일반인에게 인테리어가 어렵고 거부감이 드는 것은 '시공 시세'를 확인하기 어렵고, 또 견적서를 보내는 업자를 전적으로 신뢰하기 어렵기 때문입니다. 하지만 최근에는 숨고, 오늘의집, 당근마켓과 같은 플랫폼을 사용하면 번거롭게 게시물을 올리거나 업자에게 직접 실적을 물어보지 않아도, 플랫폼에서 자체적으로 필요한 내용들을 볼 수 있도록 구성해줍니다. 즉, 여러 업체에서 무료로 견적을 받아 비교할 수 있는 환경을 조성해줍니다.

더욱이 실제 유저들의 후기도 살필 수 있어서 유용합니다. 가격 비교를 통한 '시세 파악'과 후기를 통한 업자의 '신뢰도', 이 두 마리 토끼를 한 번에 잡을 수 있습니다.

처음에는 새로운 업자를 찾는 일이 고생스럽게 느껴질 수 있습

니다. 그러나 결국 여러분이 투자를 계속할 의향이라면, 나와 합이 잘 맞는 업자를 찾는 일도 중요합니다. 추후 인테리어를 다시 하게 될 경우, 매번 새로운 업체를 찾기보다 이전에 작업했던 업자에게 의뢰하는 것이 더 효율적이고, 마음도 편하니까요. 그러한 업자를 찾기 위해 번거롭더라도 여러 곳에 견적을 받아 꼼꼼히 대조한 후 시공을 의뢰하면 좋습니다.

(3) 공인중개사에게 소개받자

모든 업자가 네이버 카페에 광고를 하거나 플랫폼으로 견적을 제공하는 것은 아닙니다. 제 생각에 진짜 보석 같은 분들은 해당 부동산 인근에서 인테리어를 꾸준히 해온 업자들입니다. 이분들은 굳이 광고를 하지 않아도 바쁘고, 실력도 매우 뛰어납니다. 가장 큰 장점은 동네의 부동산들을 반복적으로 시공해왔기 때문에, 해당 부동산에 대한 이해도가 집주인인 우리보다 훨씬 뛰어납니다.

문제는 외부 홍보를 하지 않기에 찾기도 어렵고, 설령 찾더라도 신뢰하고 맡기기가 어렵다는 것입니다. 이때 인근 공인중개사에게 동네에서 활동하는 인테리어 업자를 소개해달라고 요청해보세요. 직접 찾는 것보다 훨씬 더 적합한 업자를 찾을 수 있습니다.

2022년 초 저는 군산에 있는 한 아파트를 갭투자로 매입했습니다. 그런데 군산과 제가 실제로 거주하는 집의 거리는 200km로,

왕복 4~5시간이 걸렸습니다. 인테리어를 시공할 경우 매번 확인하기가 어려울 것 같다는 생각이 들었습니다. 물론 공인중개사에게 간혹 살펴봐달라고 부탁할 수 있지만, 아무래도 집주인인 저만큼 시간을 들여 꼼꼼히 보지는 않을 것 같았습니다.

저는 신뢰할 수 있는 인테리어 업자를 찾기 위해 주변 공인중개사들에게 전화를 돌려 업자를 추천해달라고 부탁했습니다. 해당 지역 내에 사업장을 갖고 있고, 해당 단지의 인테리어 경험이 풍부한 업자들을 소개받았습니다. 그중 견적을 제일 저렴하게 맞춰주신 분으로 섭외했습니다. 제 경우에는 세대수가 많은 단지이다 보니, 해당 단지에서 실적을 쌓은 업자를 찾기가 상대적으로 쉬웠습니다.

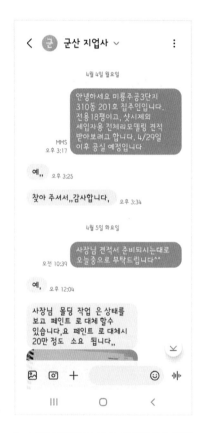

| 군산 아파트의 인테리어 견적을 문의한 문자

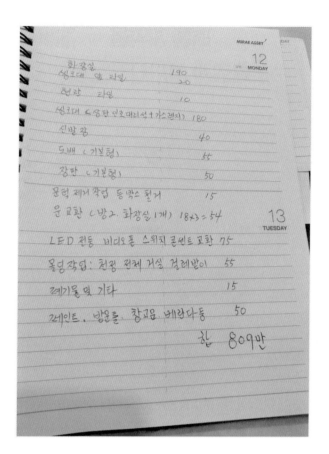

화장실
셀로대 외 타일 190
20
현관 타일 10
셀로대 (상판 인조대리석+가스렌지) 180
신발장 40
도배 (기본형) 55
장판 (기본형) 50
문턱 제거작업 등 박스 철거 15
문 교환 (방2. 화장실 1개) 18×3 = 54
LED 전등 비디오폰 스위치 콘센트 교환 75
몰딩작업: 천정 걸레 거실 걸레받이 55
페기물 및 기타 15
페인트. 방문틀. 창고문. 베란다 등 50
합 809만

| 군산 아파트의 인테리어 견적 내용

매물 계약을 빠르게 성사시키는 법

마지막으로 매물 계약을 빠르게 성사시키기 위한 네 가지 팁을 알려드리고자 합니다. 네 가지를 모두 만족시키긴 어렵지만, 그중 가능한 부분부터 우선적으로 해결해나가면 빠르게 계약을 진행시킬 수 있습니다.

(1) 가격을 낮춰라

요즘은 온라인상에 정보가 정확하고 상세하게 공개되어 있어서, 클릭 몇 번이면 부동산 시세를 쉽게 확인할 수 있습니다. 즉, 집을 구하는 사람들은 어느 정도 시세 파악을 하고 온다는 뜻입니다. (앞서 제가 시세 파악하는 방법을 여러분에게 말씀드렸듯이 말입니다.) 그렇기에 나와 있는 매물 중 비슷한 조건(면적, 층수, 방향, 연식)인데 가격이 높으면 계약이 당연히 오래 걸릴 겁니다.

빨리 계약을 원하면 매물 중에서 가장 저렴하게 내놓으세요. 네이버부동산에 올리지 않은 매물(보통 급매로 나온 장부 매물)이 있을 수도 있으니, 공인중개사에게 지금 네이버부동산에 올리지 않은 급매가가 얼마인지도 꼭 확인하세요. 바로 나갈 수 있는 가격이 얼마인지 물어보아도 좋습니다. 다만, 한 군데만 문의하면 과하게 낮은 가격으로 얘기할 수 있으니 여러 군데 물어보시길 추천합니다.

(2) 집의 첫인상을 살려라

내부는 기본적으로 '무조건' 깔끔하게 되어 있어야 합니다. 우리가 처음 만나는 사람이 있는 자리에 갈 때, 외형을 꾸미고 정돈된 상태로 나가듯이 말입니다. 집의 첫인상을 좋게 남겨야 합니다.

세입자들은 우리 가족이 2년 동안 편히 지낼 공간을 찾습니다. 그런데 집 상태가 엉망이고 관리가 되지 않은 것 같다고 판단하면, 입지가 좋아도 계약하기를 꺼립니다. 가능하다면 최소한 벽지와 장판을 밝은색으로 교체하고, 조명을 바꾸고, 이사 청소까지 해두는 게 좋습니다. 그 상태에서 사진을 촬영한 후 공인중개사에 전달할

수도 있습니다. 네이버부동산에 등록할 때 꼭 같이 올려달라고 요
청하면서 말입니다. 분명 다른 매물보다 훨씬 돋보일 겁니다.

세입자나 집주인이 살고 있는 경우에는 인테리어를 시공할 수

| 인테리어 시공 예시

없으니, 최대한 양해를 구해서 집을 깔끔하게 청소한 상태로 볼 수 있게 해달라고 정중히 부탁해야 합니다.

(3) 최대한 많은 공인중개사에게 내놓아라

낚시할 때 1개의 낚싯대보다는 10개의 낚싯대를 걸어놓아야 같은 시간 대비 훨씬 더 많은 물고기를 잡을 수 있습니다. 내 매물도 최대한 많은 공인중개사에게 내놓아야 계약될 확률이 높아집니다.

내놓는 매물과 같은 동네에 있는 공인중개사에게만 의지할 필요는 없습니다. 왜냐하면 세입자들이 원하는 조건 중에 가장 중요한 것이 출퇴근 시간과 가격대인데, 그것을 충족하는 게 한 지역에만 해당하는 것은 아니니까요. 그렇기에 공인중개사들은 다양한 지역의 물건을 가지고 중개하면서 조건에 맞는 물건을 세입자에게 보여줍니다. 세입자는 조건만 맞으면, 예상하지 못한 지역의 부동산을 계약하기도 합니다.

처음엔 물건지에서 가까운 공인중개사 10군데에 매물을 내놓고, 일주일 동안 계약이 성사되지 않으면 조금 더 멀리 있는 공인중개사 10군데에 연락을 취하세요. 그리고 주기적으로 매물을 내놓은 공인중개사에게 연락해 요즘 분위기가 어떤지, 문의하는 사람은 없는지 등을 물어보면서 내 매물이 빨리 나갈 수 있도록 유도해야 합니다.

공인중개사 연락처 찾는 법은 네이버지도(또는 카카오맵)에 들어가 내 물건 주소를 검색하고 물건을 지도 중앙에 둔 후, 근처에 있는 공인중개사 사무실을 클릭합니다. 연락처에 전화를 걸어 내가 가진 매물 소개하고 내놓습니다.

(4) 옵션을 제시하라

앞의 방법을 취했는데도 집을 보러 오거나 문의하는 사람이 없다면, 옵션을 검토할 수 있습니다. 세입자 입장에서 같은 조건이라면 당연히 옵션이 있는 집을 선택할 겁니다. 옵션은 크게 '에냉세', 즉 에어컨, 냉장고, 세탁기를 들 수 있고, 이사 청소와 벽지 교체 지원을 제시할 수도 있습니다. 그 외에도 협의에 따라 옵션 제공이 가능하다는 점을 공인중개사에게 언급해두는 것이 좋습니다.

약간의 팁이라면 미리 무언가를 사놓을 필요는 없고, '필요시 제공 가능'이라고 매물 광고를 하면 됩니다. 비싼 돈 주고 미리 옵션을 들여놓았는데, 자신의 것을 갖고 들어오길 원하는 세입자와 계약하게 될 경우 처분해야 하는 난처한 상황에 놓일 수도 있으니 말입니다.

집은 주식처럼
샀다 팔았다 하는 것이 아니다

저는 지금 부동산을 10채 넘게 갖고 있습니다. 하지만 아직 단 한 번도 매도한 적이 없습니다. 투자를 하고 바로 성과(투자금 회수와 수익화 실현)를 내고 싶어 하는 분들이 항상 하는 이야기가 있습니다.

"부동산을 언제 팔면 돈을 많이 벌까요?"

"단타매도를 하려는데, 세금이 많이 나와 걱정입니다."

"투자했다가 집값이 떨어지면 어떡하죠?"

초보라면 잘 모르기에 걱정되는 건 당연하지만, 한편으로는 부동산을 주식처럼 생각하는 것 같아서 안타깝기도 합니다. 단언컨대, 저는 수도권에 있는 부동산은 장기 보유하라고 말씀드리고 싶습니다.

"그럼 돈은 언제 버나요?"라고 물으신다면 저는 이렇게 대답합니다.

"부동산은 주식과 다릅니다. 세입자를 구해서 집을 빌려줄 수 있고, 그 돈을 받으면 됩니다. 그게 월세일 수도 있고, 전세보증금일 수도 있습니다."

전세보증금을 돈 버는 수단으로 쓰는 것을 부정적으로 바라보는 견해에 관해서는 책 도입부에서부터 제 생각을 말씀드렸으니 여기서 언급하지는 않겠습니다. 다만 다시 한번 강조하지만, 부동산을 샀다 팔았다 하면서 부자가 될 수는 없습니다. 거래에 수반되는 각종 부동산 중개비와 양도세를 내야 하니, 양도차익(매매가-취득가)에 비하면 통장 잔액이 많이 줄어들 것입니다. 더욱이 취득일로부터 양도일까지의 기간이 짧으면 짧을수록 적어질 것입니다.

그럼에도 매매로 수익을 실현하고 싶으시다면, 앞서 추천드렸듯이 수도권이 아닌 지방에 있는 아파트를 공략하십시오. 공급량과 미분양, 세대수를 철저히 조사하고 분석해 매도 타이밍을 잘 보아야 합니다. 물론 지방 아파트도 최소 2년 이상 보유하는 것이 세금 측면에서 유리합니다. 광역시와 수도권(서울, 경기, 인천), 세종시를 제외한 지역의 공시지가 3억 원 이하 아파트와 빌라는 양도세 중과에서 배제되는 것도 기억하시길 바랍니다.

집주인이 되니
비로소 보이는 것들

평소 저와 친하게 지내는 분 중에 땅을 사서 건물을 짓는 투자자 '황금대지' 송량헌 대표님이 계십니다. 이분은 종종 뼈 때리는 말씀을 많이 하시는데, 듣고 보면 정말 공감 가는 말들 뿐이라 여러분과 공유하고자 합니다.

"월급쟁이 부자는 없다. 투자를 통해 월급쟁이 '치고' 부자는 있지만, 결국 돈을 벌려면 사업을 해야 한다."
"월급쟁이(직장인)와 부자를 이어주는 경계선에 '투자'가 있다."

저 또한 월급쟁이와 투자자의 경계에서 고민하고 갈등해온 적이 있다 보니, 이 말들에 더욱 공감했었습니다.

책 전반에 걸쳐 말씀드린 대로, 투자한 부동산이 반드시 고가의 강남 아파트일 필요는 없습니다. 오히려 고가의 아파트는 각종 세금 때문에 월급쟁이에서 더 벗어나기 어렵게 만들 뿐입니다. 제가 도전해온 것처럼 금액대가 낮은 물건(2억 원 이하)도 시세가 오르면 충분히 투자 성과를 낼 수 있고, 세금 부담도 적습니다. 금액대가 낮은 물건은 대부분 묶인 자금도 적기 때문에, 다음 투자처를 빠르게 찾고 들어갈 수 있다는 데 강점이 있습니다. 한번에 큰돈을 벌길 꿈꾸지 말고, 잃지 않은 투자를 목표로 삼아야 합니다. 처음은 작은 물건이지만 투자를 하다 보면 경험과 자본이 쌓이고 그때는 더 큰 물건(남들이 선호하는 아파트 또는 매도 차익이 큰 투자 물건)을 볼 수 있을 것입니다.

여러분이 부동산으로 부의 추월차선에 올라타셨으면 좋겠습니다. 실행하기 전에는 막연한 두려움이 들겠지만, 자본주의 사회에서는 아무것도 하지 않는 것만큼 위험한 일은 없습니다. 지금의 100만 원이 10년 뒤에는 10만 원의 가치도 되지 않을 수 있습니다. 여러분은 지금 버는 월급에 만족할 게 아니라, 투자를 통해 1000만 원, 1억 원의 자본을 만들어 나가야 합니다. 여유 있게 살기 위해서가 아니라, 지금보다 더 나은 삶을 살려면 반드시 이 과정을 밟아야 합니다.

부동산 투자가 처음이라도 두려워할 필요가 없습니다. 인생이 무너지지 않을 정도의 실패는 아직은 괜찮습니다. 쓰디쓴 경험을 발판 삼아 엄청난 성장을 하게 될 것이고, 똑같은 실수를 반복하지 않게 신경 쓰며 나아가면 됩니다. 그럼 돈은 자연스레 우리에게 찾아올 것입니다.

나도 투자하기 전까진
뭐든 평균인 사람이었다

2018년 이후, 제 삶은 완전히 달라졌습니다. 신입사원이던 당시 부동산 경매를 시작하면서 제 인생은 제가 꿈꾸던 방향으로 나아가고 있습니다.

저는 회사 월급으로 만족하지 않았고 부수입을 창출할 방법을 계속해서 찾아다녔습니다. 그러다 부동산 경매를 접하게 되었습니다. 그 과정에서 레버리지를 이용해서 수익률을 극대화하는 것을 배웠고, 투자자의 길에 한층 더 깊숙이 다가가게 되었습니다.

제가 남들과 조금은 달랐던 점은 딱 하나였습니다. 현실(월급)에 안주하지 않고, 새로운 수입(투자)을 만들려고 끊임없이 발버둥 친 것. 저는 이 한 끗이 10년 뒤에는 평범한 직장인이라면 도저히 따라

올 수 없을 차이를 만들어낼 것이라 믿고 있습니다.

혹시 아직도 부동산 투자가 위험하다고 고민하고 있다면, 그런 편견이 있기에 여전히 기회가 있다고 말씀드리고 싶습니다. 이 책을 끝까지 읽었다면, 이번에는 적극적으로 도전해보시길 바랍니다. 평범한, 아니 서울에 있는 대학교에 겨우 들어가서 친구 따라 전공을 정하고, 학점도 B+로 무난하게 졸업한 저도, 단 3년 만에 30억의 자산가가 되었습니다. (현재 자산 가치는 거의 2배가 되었습니다.)

평일 하루 8시간을 일하며 매일 시간에 쫓기고, 월급으로 한 달을 근근이 버티고, 또 생활비를 위해 억지로 일어나 출근해야 하는 쳇바퀴 같은 삶. 제 삶이었습니다. 저에게는 이 '현타'가 삶을 바꾸게 만든 첫 번째 깨달음이었습니다. '이렇게 살아선 안 되겠어!'라는 생각으로 저를 밀어붙였습니다.

저는 시간의 속박에서 벗어나 자유롭게 돈을 버는 방법으로 투자를 택했고, 가장 안정적으로 우상향할 수 있는 주거용 부동산에 집중했습니다. 그리고 그 노하우를 고스란히 담은 게 바로 이 책입니다. 물론 모든 사람이 투자할 필요는 없습니다. 하지만 부자가 되고 싶다면 투자는 피할 수 없는 길입니다.

가난한 사람은 투자를 '경멸'하고 죄악시하나, 부자는 자신의 '인생'에 걸쳐 투자하고 있습니다.

선택은 여러분에게 달렸습니다. 부자가 되고 싶다면 부자가 걸어갔던 길을 따라가고 부자의 삶을 벤치마킹하면 됩니다. 가난한

자들이 하는 부정적인 말이 끼어들 틈은 없습니다.

이 책을 끝까지 읽었다면, 이제 여러분은 부동산에 관해 가장 기본적이고 핵심적인 내용을 알게 된 겁니다. 함께하는 동료와 친구들을 만들고 싶다면 '경직모' 카페에 오셔서 여러 모임에 참여하시길 권합니다. 분명 도움이 되리라 생각합니다. 제가 올린 칼럼도 있고, 부동산 자료와 강의들도 올려놓았으니 이 책을 읽고 궁금한 부분이 생겼다면 한번 훑어만 봐도 좋습니다. 막막한 부분은 질문을 해주시면 제가 최대한 빠르게 답변해 드리도록 하겠습니다.

긴 글을 끝까지 읽어주셔서 감사합니다. 여러분의 인생을 바꾸는 투자를 하게 되셨으면 좋겠습니다.

경직모(경매하는 직장인 모임) :
재테크, 부동산, 경매, 경제적 자유

**나는 불황에도 여전히
부동산 투자를 한다**

ⓒ 정규범(경장인) 2022

초판 1쇄 발행 2022년 11월 11일
초판 4쇄 발행 2022년 11월 23일

지은이	정규범(경장인)
편집인	권민창
책임편집	박지영
디자인	지완
책임마케팅	김성용, 윤호현, 김태환, 서준혁
마케팅	유인철, 이주하
제작	제이오
출판총괄	이기웅
경영지원	김희애, 박혜정, 박하은, 최성민

펴낸곳	㈜바이포엠 스튜디오
펴낸이	유귀선
출판등록	제2020-000145호(2020년 6월 10일)
주소	서울시 강남구 테헤란로 332, 에이치제이타워 20층
이메일	mindset@by4m.co.kr

ISBN	979-11-92579-29-0(03320)

마인드셋은 ㈜바이포엠 스튜디오의 출판브랜드입니다.